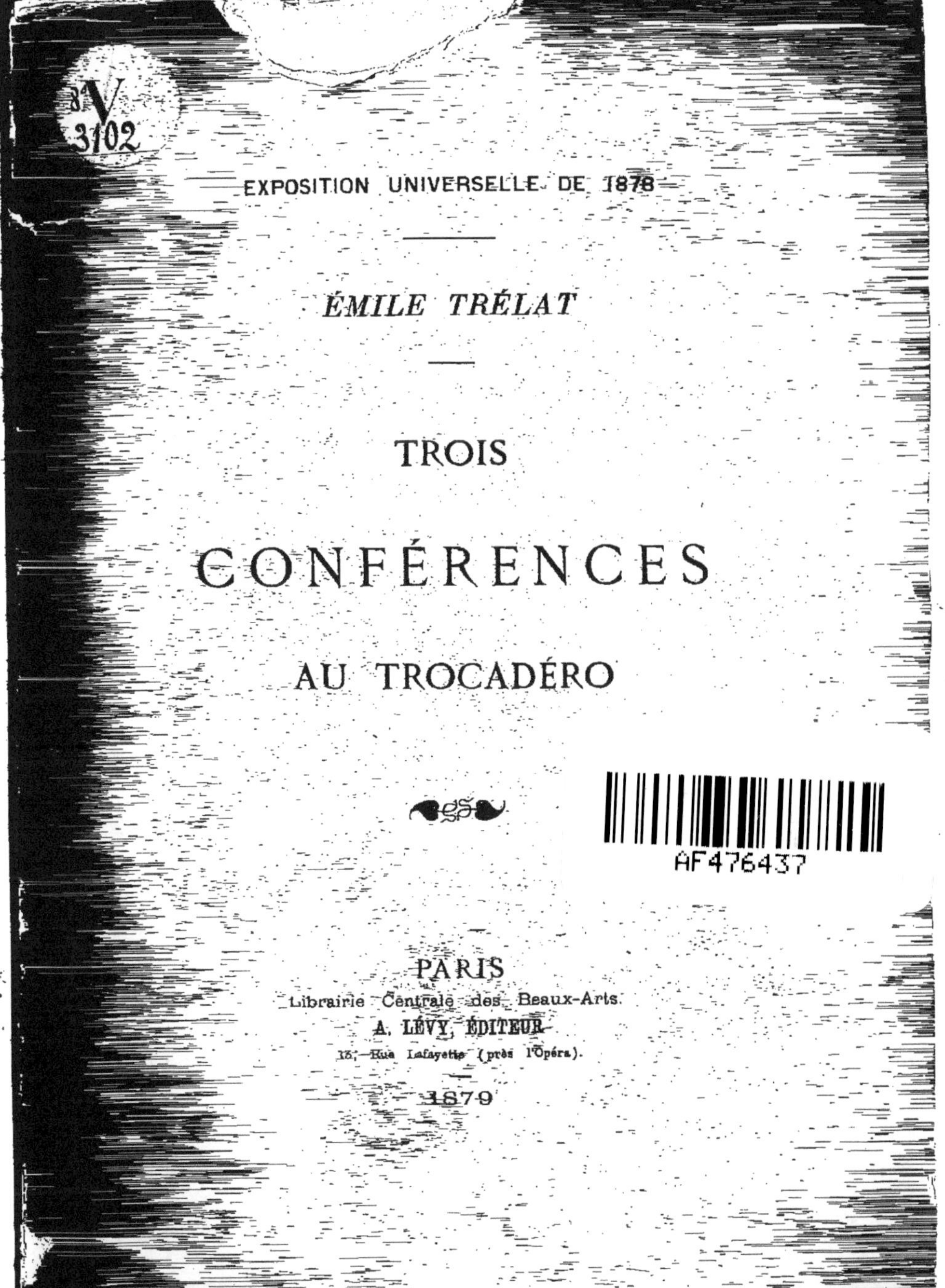

EXPOSITION UNIVERSELLE DE 1878

ÉMILE TRÉLAT

TROIS CONFÉRENCES AU TROCADÉRO

PARIS
Librairie Centrale des Beaux-Arts.
A. LÉVY, ÉDITEUR
15, Rue Lafayette (près l'Opéra).

1879

DÉPÔT LÉGAL
SAÔNE & LOIRE
N° 90
1879

EXPOSITION UNIVERSELLE DE 1878

ÉMILE TRÉLAT

TROIS CONFÉRENCES AU TROCADÉRO

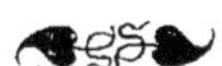

PARIS
Librairie Centrale des Beaux-Arts.
A. LÉVY, ÉDITEUR
13, Rue Lafayette (près l'Opéra).

1879

MACON

IMPRIMERIE TYPOGRAPHIQUE ET LITHOGRAPHIQUE

PROTAT FRÈRES

AVANT-PROPOS

On sait que M. le Ministre de l'agriculture et du commerce avait centralisé autour de l'Exposition universelle de 1878 une suite de travaux intellectuels très divers sous le titre de *Congrès et Conférences*.

Huit commissions officielles avaient été chargées de désigner les sujets à traiter en *conférences* et de choisir les orateurs auxquels ils seraient confiés.

De leur côté, les *Congrès* organisés par l'initiative des associations libres avaient été appelés à se réunir dans les locaux de l'Exposition.

Les conférences officielles et les séances des Congrès, qui ont elles-mêmes été consacrées à des conférences, ont eu lieu dans les salles du palais du Trocadéro pendant les mois de juin, juillet, août et septembre 1878.

Ces intéressants travaux ont tous été sténographiés, et le ministère en fait une publication spéciale. Nous en extrayons, avec l'autorisation de l'auteur, les trois conférences qui ont été faites par M. Emile Trélat, soit au nom des 1re et 3e commissions officielles, soit dans le sein du Congrès des architectes.

JEUDI 25 JUILLET 1878

CONFÉRENCE

SUR LE

PALAIS DE L'EXPOSITION

Présidence de M. DUCLERC,

Vice-Président du Sénat.

ALLOCUTION DU PRÉSIDENT

Messieurs,

Pour accepter de présider cette conférence, j'ai eu deux motifs.

D'abord le conférencier. Ayant lutté dans ma jeunesse aux côtés du savant, du patriote dont il a l'honneur d'être le fils, — témoin de ses travaux, de la dignité de sa vie, il m'est doux de lui donner aujourd'hui devant vous le témoignage d'une sympathie également due à son nom et à sa personne.

J'ai voulu ensuite mettre à profit le retentissement qu'a dans le monde toute parole prononcée ici pour signaler, pour mettre en vive lumière un fait qui est pour mon pays un honneur caractéristique.

L'exécution de ce grand monument, dont vous allez entendre l'histoire et l'appréciation, était exposée à de redoutables vicissitudes. Que de causes diverses pouvaient la retarder, la compromettre, l'arrêter! Et notamment à la fin, quand le temps allait manquer, quand tous les concours étaient indispensables, n'était-il pas à prévoir que les exigences croîtraient en proportion de l'urgence ? Eh bien ! non ! Jusqu'au bout, les entrepreneurs et les ouvriers ont rivalisé, redoublé de dévouement et d'abnégation.

Pour les marchés complémentaires nécessités par les développements qui se produisaient de jour en jour, des suppléments de prix semblaient inévitables, et il est juste de reconnaître que, dans une certaine mesure, ils eussent été légitimes. Aucun supplément n'a été demandé. A la dernière heure, on pourrait dire jusqu'à la dernière minute, tous les entrepreneurs ont accepté les conditions du début.

De même pour les ouvriers. Une grève, en menaçant de tout arrêter, aurait inévitablement forcé le commissariat général à subir leurs conditions ou à renoncer à son œuvre. Aucune menace de grève ne s'est produite. Ce sentiment de l'honneur de la France, engagée devant le monde, a dominé toutes les suggestions malsaines, toutes les revendications inopportunes.

Lorsque, dans la commission des marchés de l'Exposition, justement heureux de la confiance affectueuse que lui témoignaient ainsi ses collaborateurs de tous les degrés, M. le Commissaire général nous fit connaître cette situation, lorsqu'il nous apporta cet éclatant témoignage de la valeur morale de nos concitoyens, je me rappelle qu'une fière émotion s'empara de nous tous, et cette émotion, je ne puis m'en défendre encore aujourd'hui devant vous, Messieurs. (Applaudissements.)

Vous la partagez, je vous en remercie du fond du cœur. On a été quelquefois bien sévère pour la France, sévère jusqu'à la dureté, jusqu'à la calomnie. Pour ceux qui l'aiment comme elle mérite d'être aimée, avec passion, c'est un incomparable bonheur de sentir que, dans la conscience universelle, l'heure réparatrice est venue, l'heure de la justice. La France, Messieurs, ne demande rien de plus. (Applaudissements répétés.)

Je donne la parole à M. Émile Trélat.

CONFÉRENCE

Messieurs,

Je ne puis commencer à vous entretenir du sujet que je dois traiter ici sans remercier M. le Président de ses encouragements, et, surtout, sans lui dire l'émotion qu'il vient d'éveiller dans mon cœur en introduisant dans cette assemblée le nom et le patriotisme de mon vénérable père. Je le prie d'agréer l'expression de ma profonde gratitude. (Applaudissements.)

Messieurs, j'ai accepté le devoir et j'ai l'honneur de parler devant vous. Cependant, le sujet que je vais traiter, je me trompe, le sujet que je vais toucher est si vaste que je vous prie d'avance d'accepter les limites dans lesquelles je serai forcé de me renfermer.

Je dois, d'ailleurs, vous en prévenir, Messieurs : il n'est pas possible de disserter sur le palais de l'Exposition sans engager indirectement les auteurs pleins de mérite et de dévouement qui l'ont élevé. Car, que serait l'examen de leur œuvre, s'il ne motivait pas l'expression d'une opinion, d'un jugement? Permettez-moi de leur faire devant vous mes excuses, ou plutôt de leur demander à eux-mêmes la permission d'être franc, comme la France doit l'être devant le monde, qui est venu chez elle. (Applaudissements.)

Je dois vous parler du palàis ou plutôt des palais de l'Exposition; car il y en a deux : un palais de fer et un palais de pierre. Pour mettre quelque ordre dans notre examen, nous commencerons par le premier : le palais de fer.

Le palais de fer, qui couvre une surface de plus de 250,000 mètres carrés, plus de 25 hectares, et qui contient 30 millions de kilog. de métal, ce palais est une œuvre énorme. L'examen que nous allons en faire sera bien prompt, bien rapide, et je ne puis le tenter qu'à la condition que vous consentiez à vous y promener avec moi. Lorsque j'y rencontrerai quelques points saillants, je vous les signalerai comme autant de traits à noter pour en fixer le caractère.

Si vous regardez le plan de masse que j'ai fait tendre sur la muraille et qui comprend toute l'Exposition, vous voyez l'itinéraire que je me propose de suivre avec vous. C'est cette ligne qui part de la porte d'Iéna et qui, suivant le tracé que vous voyez, traverse le pont, joint le palais de fer, le coupe longitudinalement en inclinant d'abord sur la droite pour regagner ensuite au centre le grand axe de l'édifice. Vous en découvrez la suite et le retour qu'elle fait pour aboutir au milieu des parterres du Trocadéro. Commençons, si vous le voulez bien, notre voyage.

I.

Nous avons descendu l'avenue d'Iéna. Nous nous engageons sur le pont et nous nous arrêtons vers la fin du tablier, au moment où les riches échappées du fleuve cessent de distraire nos regards sur nos flancs. Nous avons devant nous le front de l'édifice. C'est le vestibule de l'Exposition. Vous l'avez tous parcouru et vous connaissez ce grand vaisseau qui mesure 360 mètres de longueur sur 25 mètres de largeur. On y a installé, je le dis en passant, les frontispices des deux nations qui occupent le plus d'espace dans le palais : à droite, l'Angleterre, qui tient la tête de la colonne étrangère, montre les superbes collections du prince de Galles ; à gauche, la France, qui emplit la profonde colonne des produits nationaux, montre les installations des Gobelins, de Beauvais et de Sèvres. Je vous rappelle encore, pour insister sur l'importance de ce vestibule, que, chez les étrangers aussi bien que chez nous, on y découvre les entrées distinctes des différents groupes ordonnés selon la classification, et qu'au centre on y trouve l'accès des Beaux-Arts magistralement placés sur l'arête longitudinale de la construction. Vous comprenez, Messieurs, le rôle ménagé à ce vestibule. C'est le lieu protecteur, où le public s'abrite pour prendre haleine, se reconnaître et choisir ses voies avant de pénétrer dans les galeries. Ce rôle est matériellement servi par desdispositions efficaces. L'est-il de même dans son expression artistique ?

C'est ici que je commence à user de la liberté que j'ai demandée à mes confrères amis et à vous, Messieurs, qui me l'avez implicitement accordée. Je vais essayer de juger.

Vous vous rappelez que nous avons fait station à l'extrémité du pont d'Iéna. Regardons.

La façade se présente à nous sous la forme d'une batterie de vingt grandes baies ou travées qui sont séparées par de petits trumeaux de métal encadrant de belles faïences ou terres cuites émaillées. Aux extrémités, cette batterie s'enserre entre deux constructions métalliques qui s'élèvent et qui silhouettent en l'air des formes dérivées de celles des dômes. Au-dessus de la porte centrale du vestibule surgit encore un motif de même allure ; mais, moins élancé que les précédents, il épand sur une plus large assiette ses lignes tourmentées. La composition se trouve ainsi comprendre trois localités saillantes qui coupent violemment en deux un fond simple et calme. Le tout est rehaussé de couleur, d'or, de bronze, de métal. Et cette multiplicité de tons mariée aux transparences teintées des grandes verrières, coupée par les grises échappées des portes sur les produits multicolores, et soulignée par les éclats des cartouches, des mâts et des oriflammes, fait de cette tête d'édifice une vaste scène de polychromie.

Telle est, dans sa réalité, l'œuvre qui s'offre à nous. Je crois que j'exprime un sentiment général en disant qu'à première vue ce tableau étonne et excite l'esprit de l'observateur. C'est là un succès incontestablement mérité et recueilli par les auteurs distingués de cette page colossale. L'ampleur de l'objet, l'étendue des lignes, l'échelle des parties constitutives, tout cela se montre clairement dans la franchise de la mise en scène, et c'est par là qu'on est touché et singulièrement impressionné.

Faut-il m'en tenir là, Messieurs, et reconnaître qu'une œuvre provisoire, qui a pour condition de porter l'attention publique pendant quelques mois seulement, a vraiment gain de cause, quand elle conquiert l'assentiment que je viens de signaler? Je m'y sentirais porté. Mais je ne puis oublier l'énorme effort qu'a coûté notre Exposition et particulièrement notre palais de fer; et je me sentirais coupable si je ne prisais assez haut devant vous cette œuvre pour y découvrir plus qu'une satisfaction passagère, pour en dégager une leçon, si le mérite des concepteurs l'y a mise. Observons donc plus attentivement l'objet auquel nous n'avons encore demandé qu'une impression première. Analysons-le.

Il est certain qu'une vue prolongée motive chez nous des impressions nouvelles. A l'étonnement et à l'attrait succède un certain trouble. L'esprit asseoit incomplètement ses pensées autour des formes indécises et compliquées des dômes. Il se perd absolument sur celles du centre. Pourquoi tant de labeurs dans leur agencement? Pourquoi tant insister ici sur la note architecturale? Pourquoi cette coupure en deux des lignes du vestibule, et par là la ruine de sa pleine unité?

On se rend compte, Messieurs, de la préoccupation qui a guidé l'artiste. L'arête centrale du palais du Champ-de-Mars est consacrée aux Beaux-Arts. Or, en tous temps et en tous lieux, et quelque considérables que soient les autres applications de l'esprit humain, les Beaux-Arts prennent la première place. Ils forment la première classe de notre Exposition, et ils y occupent un lieu choisi, le centre de l'édifice. Il n'est donc pas étonnant que l'architecte se soit cru obligé ou se soit trouvé entraîné à faire transparaître à l'extérieur du grand vestibule la place des objets de prédilection qui doivent, avant tous autres, attirer le public. Cette idée est juste, et tout à fait conforme aux véritables principes d'une bonne composition architecturale. Il est évident qu'étant donné le plan de l'Exposition et la place des Beaux-Arts, il fallait marquer le centre de la façade par un accusatif *formel*, qui comptât et s'imposât à la vue au milieu de cette répétition de travées qui caractérisent si bien le vestibule. Cela n'est pas discutable. Mais il fallait que cela fût fait avec mesure ; et peut-être la main a-t-elle été un peu lourde dans ce délicat arrangement? La critique est aisée, on le sait, et maintenant, d'ailleurs, que tous les travaux sont achevés, et que les lignes sont dégagées, nous n'avons plus de gêne pour bien voir. Aussi ne nous est-il pas difficile d'ajouter qu'il eût sûrement été sage de ne pas rappeler au centre la valeur et l'intensité de la note des dômes, marque violente et motivée aux angles de l'édifice. Cette observation ne diminue pas la valeur totale de l'œuvre, qui, je le répète, a été conduite avec une grande précision. Mais elle appuie sur une question de mesure, question qu'éclaire précieusement la grande expérience de plastique fournie par la construction du vestibule du palais de fer.

Il y a, Messieurs, au bas de la grande façade que nous étudions, et entre les deux dômes extérieurs, une immense vérandah vitrée sous laquelle on distingue une suite de figures monumentales représentant les États qui sont venus prendre part à l'Exposition. Une seconde réserve me semble indiquée dans l'appréciation de cet agencement. Il est bien probable que, si cette vérandah n'était pas une claire-voie couverte de verre, que si elle était pleine, le jour de reflet qui éclairerait alors les figures leur fournirait des valeurs plus appropriées. En même temps, d'ailleurs, que la façade s'enrichirait d'une localité grisonnante et calme à la partie basse, les objets exposés dans le vestibule gagneraient à ne plus recevoir des lumières frisant le sol.

Enfin, pour en finir avec les petites critiques, voici une autre considération que je voudrais vous soumettre. Les dômes extrêmes ont pour but de marquer la fin de l'édifice dans l'espace, de mesurer et de limiter son champ d'action sur l'œil de l'observateur. Ils se terminent dans l'air par une masse composée, en parties égales, de construction opaque et de construction transparente. Eh bien ! généralement, dans le grand art de la forme, nous fuyons ces équivalences qui se pondèrent et qui jettent du trouble dans l'esprit, parce qu'elles lui imposent un travail sans issue. Il s'efforce en vain de se fixer soit sur l'un, soit sur l'autre des moyens d'expression qui rivalisent. Ne pouvant aboutir dans son choix, il ne prend point d'assiette et souffre. Dans une œuvre d'art, nous aimons à voir l'un des éléments constitutifs de l'effet l'emporter sur l'autre et trouver dans celui-ci un renfort par voie d'opposition. Cette ressource est toujours abolie par l'équivalence des valeurs contraires. Il faut croire qu'on eût obtenu une expression plastique plus efficace en augmentant la valeur opaque aux dépens de la valeur claire. On eût ainsi accru la fermeté de la silhouette de l'édifice en la simplifiant. Et la surabondance de lumière qu'on observe sous les dômes eût été calmée, en même temps que les surfaces d'accès des rayons solaires si fatigants pour les visiteurs eussent été réduites.

Mais il y a dans cette façade quelque chose de bien intéressant et qui suffirait seul à m'inspirer pour son auteur une grande reconnaissance. Si je me suis permis de le traiter assez amicalement pour critiquer avec franchise son œuvre, vous me permettrez bien, Messieurs, de dire ici sans me gêner ce qui, dans cette même œuvre, me paraît devoir être encouragé.

L'ossature du palais du Champ-de-Mars est un ouvrage important, qui montre en maints endroits la science considérable qui y a été dépensée. Mais la façade du vestibule d'honneur posait à l'architecte un problème spécial. On ne pouvait espérer de dégager une expression *formelle* de quelque valeur si l'on n'y employait que le fer nécessaire au soutènement et des remplissages en verre : l'expérience des palais de cristal était faite depuis longtemps. Il fallait introduire un élément de prise pour l'œil si l'on voulait qu'il appréciât des formes. Cette pensée se justifie, d'ailleurs, quand on se place au-dessus des engoûments et quand on interroge sérieusement les capacités du fer. Le fer, qui a des qualités si nouvelles que nous ne savons pas encore les utiliser toutes; le fer, qui garde en lui des ressources économiques et mécaniques sans rivales pour le constructeur, ne possède pour ainsi dire pas de capacités plastiques. Comme il est capable de fournir, dans les constructions, une énorme quantité de résistance sous un très petit volume, et comme on doit le ménager parce qu'il est coûteux, il s'ensuit qu'il diminue dans l'œuvre un des deux facteurs indispensables pour constituer la forme. Ces deux facteurs sont la matière et la lumière mises en lutte l'une avec l'autre. Or, quand on introduit peu de matière dans une œuvre *formelle,* on obtient nécessairement peu d'effet *formel.* L'architecte du palais de fer a évidemment été hanté de cette préoccupation, de cette anxiété; cela est clairement écrit dans son œuvre. Il s'est dit : Il faut que j'étoffe l'ossature de mon édifice; et, pour atteindre ce but, il a eu l'idée de dédoubler les supports nécessaires au soutènement de chaque travée. Il les a coupés en deux dans leur épaisseur, en a espacé les deux moitiés et a placé entre elles une matière développée et capable d'un puissant effet plastique. Les intervalles sont remplis par des terres cuites émaillées. La question ainsi posée, la solution projetée sur la vaste échelle de l'édifice a fait faire un véritable progrès dans la céramique décorative. Pendant qu'on s'efforçait de répondre aux besoins de l'architecte du Champ-de-Mars, on trouvait une couleur qu'on ne possédait pas. On ne savait pas faire le rouge qui se voit dans toutes les plaques émaillées de la façade du vestibule. Il faut donc louer et applaudir cette tentative de l'auteur. La conquête d'une couleur céramique est certainement un bien appréciable. Mais le point sur lequel j'insiste, c'est l'idée de fournir spécialement l'étoffe nécessaire à la constitution de la *forme,* en faisant appel à des matériaux capables de résultats formels et en les introduisant exprès dans les édifices dont l'ossature est en fer. Certainement l'idée n'est pas neuve ; mais l'échelle de l'application est imprévue et l'artiste s'y est engagé hardiment. Il a fait tout ce qui pouvait être fait avec les ressources industrielles disponibles. Est-ce à dire que le résultat obtenu soit suffisant ? Ce n'est pas mon avis. Je pense que des trumeaux céramiques plus larges, si on avait pu les obtenir, auraient accru la valeur plastique de l'œuvre. Néanmoins, vous voyez, Messieurs, que nous pouvons maintenant quitter cette façade de l'édifice et garder le sentiment qu'il a été fait là des efforts qui promettent à l'avenir des applications et des développements avantageux.

II.

Pénétrons maintenant dans le vestibule. Ici, je vais avoir à vous parler de choses moins brillantes, d'une exécution moins délicate et qui exigent beaucoup moins de finesse et d'élévation dans le talent. Je vous demande tout simplement, en entrant dans le vestibule, de regarder à vos pieds et de voir sur quoi vous marchez. Dans ce palais de fer, qui a été construit avec tant de rapidité et d'éclat, si vous introduisez un de ces Parisiens qui ont été les témoins anxieux de la construction et des progrès de l'Exposition, si vous l'interrogez sur ce qu'était et ce qu'est devenu le sol que vous foulez, il vous dira que presque partout ce sol, aujourd'hui régulier, résistant, agréable au pas du promeneur, a été fait au milieu des décombres et sur des remblais à peine répandus; qu'il a été coupé en tous sens par les nécessités des installations; qu'il a été rétabli plusieurs fois, mais toujours victorieusement, et avec une promptitude surprenante. Si bien, qu'on a pu voir partout la terre dépouillée le soir, et répulsive à la marche, présenter le lendemain matin la surface lisse et avenante que vous voyez. Voilà, Messieurs, l'ouvrage commun, sinon encore vulgaire, sur lequel je veux un moment arrêter votre attention. C'est une conquête toute récente. Il y a dix ans, et beaucoup moins, pareille entreprise eût été irréalisable. Oh! j'entends mes amis les ingénieurs me dire qu'ils connaissent les ciments de longue date, et que ce sol est tout simplement revêtu de ciment. Mais je leur répondrai que ni eux, ni personne, n'ont jamais résolu, avec des ciments, le problème des dallages expéditifs dont je vous entretiens; et je crois que nous pourrons nous entendre, s'ils veulent bien m'écouter.

Je dis donc que c'est là une conquête toute récente. L'art des constructions serait singulièrement amoindri dans ses ressources, s'il ne possédait pas certains matériaux, qui peuvent être à volonté réduits en pâte, conservés en cet état assez longtemps pour être façonnés, et solidifiés ensuite plus ou moins promptement. Ces *matériaux reliants*, ainsi nommés parce qu'ils ont servi de tous temps à relier les matériaux durs, ne sont pas connus d'hier, je le sais. On remonte en effet bien loin dans le passé avant de trouver la date de leur origine. Les anciens les utilisaient. Les Romains surtout en ont fait un gigantesque emploi dans leurs massives constructions. Mais ils procédaient autrement que nous. Une des roches les moins rares dans les affleurements géologiques, c'est le calcaire, le carbonate de chaux. Le constructeur de l'antiquité qui employait le calcaire sous forme de pierres était déjà assez habile, assez expérimenté pour transformer au besoin cette pierre à bâtir en *matériaux reliants*. Il avait trouvé le moyen de la faire fondre dans l'eau, d'en faire de la pâte qui durcissait ensuite. Ce problème a été résolu aux temps les plus reculés. On prenait du calcaire, c'est-à-dire du carbonate de chaux ; on le chauffait, l'acide carbonique s'échappait et il restait de la chaux. En la mélangeant d'une certaine façon avec l'eau, elle constituait la pâte désirée. Mais ce procédé s'est complété notablement il y a une centaine d'années. C'est un Anglais, Smeaton, qui a dit le premier que le calcaire est rarement pur; qu'il contient souvent de l'argile et que, dans ce cas, la pâte qu'on obtient ne durcit pas seulement à l'air; qu'elle durcit encore quand on la place et la maintient sous l'eau. Et c'est à notre époque qu'un ingénieur qui honore non seulement le corps des ponts et chaussées, mais son pays tout entier, c'est dans ce siècle que Vicat, à qui une récompense nationale a été décernée, a fait et formulé la théorie des chaux. Cette théorie se laisse bien mordre aujourd'hui quelque peu par la discussion, — on discute tout, et on a raison, — mais elle est admirable et reste, philosophiquement, la vraie théorie des *matériaux reliants* à base de chaux. Les faits expliqués par cette théorie se résument en quelques mots, et je manquerais à la mémoire de Vicat, si je les taisais devant un auditoire comme le vôtre.

Quand le calcaire ne contient que du carbonate de

chaux, on obtient de la pâte de chaux qui peut durcir dans l'air, en lui empruntant l'acide carbonique nécessaire pour reconstituer la pierre de carbonate de chaux, d'où elle est sortie. Cette pâte de chaux, qu'on nomme aérienne, ne peut durcir que dans l'air. Mais quand il s'est trouvé dans le calcaire une certaine proportion d'argile ou de silice gélatineuse, ou même de silice en poudre impalpable, l'hydraulicité ou la capacité de durcir sous l'eau se manifeste dans la pâte issue du calcaire cuit; et l'hydraulicité va croissant à mesure que croît la proportion d'argile ou de silice appropriable. Jusqu'à 33 ou 34 0/0, l'hydraulicité croît; mais, pour certain qu'il soit, le durcissement est long et paresseux. Il faut compter par mois le temps de son efficacité, et c'est ce qui caractérise les chaux hydrauliques. Mais si la proportion d'argile dépasse 34 ou 35 0/0, le durcissement des pâtes prend une allure toute nouvelle : les réactions moléculaires qui l'amènent sont promptes et précipitées. On a des pâtes qui durcissent en quelques semaines, en quelques jours, en quelques heures, et même en quelques minutes. Ces matériaux prennent le nom de *ciments*.

La théorie de Vicat constate encore d'autres faits bien intéressants. Mais ce n'est vraiment pas l'occasion d'en parler en ce moment. A la suite des travaux de Vicat, les chaux hydrauliques et les ciments ont apporté dans les ouvrages sous l'eau des facilités et des sécurités précédemment inconnues. On sait aujourd'hui approprier aux circonstances les plus diverses le degré de dureté et le temps de solidification ; et, même dans les travaux maritimes, où les conditions de durée sont compliquées par les actions dynamiques qu'une mer tumultueuse ou violente exerce sur les ouvrages, on sait parer aux dangers. L'ingénieur est en possession de ces précieuses ressources; et, s'il reste encore beaucoup à faire, ce n'est pas l'ingénieur qui souffre et doit se plaindre d'une lacune que l'industrie s'efforce de combler depuis vingt ans dans les capacités constructives des ciments. Aussi n'est-ce pas l'ingénieur que touche le plus directement le succès récemment atteint par ces efforts. Les ciments, Messieurs, viennent de conquérir pour toujours des applications chères aux architectes. Jusqu'à ces derniers temps, on les recherchait à juste titre dans le plein des maçonneries hydrauliques, surtout dans les maçonneries à la mer. On les employait aussi à l'exécution de certains revêtements cachés dans les ouvrages; mais ces applications étaient déjà pénibles. Elles devenaient si douteuses lorsqu'il s'agissait de travaux à l'air libre qu'on y renonçait. C'est un succès industriel de premier ordre que celui qui se constate dans l'exécution à grande échelle des dallages en ciments de notre Exposition. Il est le résultat d'une plus intime connaissance et d'une plus large exploitation du sol, de l'accroissement des carrières, de la concurrence plus nombreuse et d'un tâtonnement industriel de vingt ans. Il a été obtenu par une suite de tours de mains, qu'une expérimentation persistante a demandés à des manipulations spéciales pendant le gâchage des ciments ou pendant qu'ils effectuent leurs prises. C'est ainsi que le constructeur se trouve désormais en mesure de revêtir ses édifices d'enduits protecteurs plus durables que ceux dont il disposait. Les revêtements du sol sont parmi ceux-là les plus difficiles à réaliser, parce qu'ils doivent résister non seulement aux causes de destruction atmosphériques, mais encore à l'usure causée par les frottements de la marche. Le spécimen que vous avez sous les yeux dans les vestibules de l'Exposition et autour de l'édifice dans les perrons et les terrasses sont la marque définitive de la conquête que je vous signale. Cette conquête est toute industrielle. Elle n'a pas fait appel aux grandes théories. Mais elle intéresse l'économie aussi bien que la sûreté de nos constructions publiques ou privées. Et, pour la présenter dans toutes ses conséquences, j'ajouterai que les dallages destinés à supporter la marche des hommes ne marquent pas les limites de son utilité. Un sol facile et sain sous les pieds est une nécessité des habitations. Mais la perfection des voies de circulation est un progrès qui ne doit pas s'arrêter dans nos cités. Il y a déjà des villes, dont les *chaussées* sont faites en ciment. Pensons-y. Les asphaltes doivent se surveiller! Elles ont désormais dans le ciment un concurrent menaçant et redoutable. Ce ne sont ni les architectes ni les ingénieurs qui s'en plaindront. Vous me pardonnerez, Messieurs, de vous avoir aussi longtemps tenus debout sur ces grandes dalles grises. Je n'ai pourtant fait qu'effleurer ce sujet. Mais je ne devais pas laisser en oubli une des applications appropriées avec le plus d'opportunité à ses travaux par l'administration française.

III.

Entrons maintenant dans la masse de l'édifice; non pas sous le couvert, j'ai des raisons pour ne pas y pénétrer immédiatement. — Prenons la rue de droite, ce qui nous permettra de rendre hommage aux nations étrangères, qui nous ont fait l'honneur et l'amitié de s'établir en cet endroit avec la liberté d'allures qu'elles auraient eue chez elles. Reconnaissons des amis en ceux qui sont venus planter là leurs pignons sur rue; et remercions-les. (Applaudissements.)

L'accueil que vous faites à cette pensée donnée à nos hôtes éveille un regret en moi. J'eusse été heureux de me promener avec vous dans cette rue des Nations et d'y retrouver un à un les traits de ces pittoresques voisinages qui captivent nos yeux et réchauffent nos cœurs. Mais cette occupation est inabordable dans cette causerie d'une heure.

Franchissons donc rapidement la demi-longueur de cette rue, et retournons-nous du côté de la Seine. Nous avons en face de nous l'entrée des Beaux-Arts. C'est un porche à trois coupoles. Au fond de ce porche, vous découvrez trois arcs : dans celui du centre, s'ouvre la porte des galeries; les deux autres sont aveugles. Mais la décoration confond les parties dans un motif architectural aussi neuf qu'original. Je vous ai parlé, il y a quelques instants, d'un progrès considérable introduit dans les terres cuites émaillées; en voici un second qui n'est pas moins frappant, et qui donne déjà un caractère de généralité aux tendances des architectes de l'Exposition. L'application que nous avons sous les yeux est extrêmement remarquable. La composition et la fabrication y rivalisent d'efforts. On ne peut observer cette localité remplie de polychromie et ruisselante de couleur, sans s'interroger et sans rêver, pour peu qu'on aime les arts de la forme.

Assurément, l'arcade de droite y prête. Sous les tons dorés qui parent le feuillage, dans le bleu violent de la mer, entre les nuances infinies qui courent à travers l'émail, partout on sent la richesse et la solidité du procédé. Les figures elles-mêmes découvrent des ressources inattendues. Voici certainement une palette qui en promet gros à l'architecte. Cependant, Messieurs, l'objet que je vous signale n'est pas facile à étudier; il échappe à l'examen. On pressent et on devine les parties qui le composent; on ne les saisit pas. C'est un défaut de l'œuvre qui trouble l'observateur, il faut le reconnaître. Peut-on en découvrir les causes? — Essayons. — Remarquez d'abord, Messieurs, que ce qu'il fallait mettre en valeur, c'était un fond de couleur, matériellement plat, mais troué d'échappées et de perspectives peintes. L'architecte a pensé que, pour encadrer son sujet, pour l'exalter, il n'avait rien de mieux à faire que de lui opposer des reliefs réels et très accentués; et il a fait passer autour et au travers de son émail une ordonnance d'architecture un peu tourmentée, mais fort bien étudiée. Malheureusement, il a mis sur toute cette ordonnance très relevée un ton terreux qui n'est ni un repos, ni un entraînement de l'œil vers les luttes chromiques du sujet. Je crois qu'autour d'un objet, où le chatoiement des couleurs est aussi vif qu'ici, il n'y a pas d'autre cadre à ménager qu'une localité reposante, afin que l'œil garde toute sa sensibilité et toute sa puissance pour l'observation du centre. Il fallait faire appel aux blancs, et si, par exemple, toute cette architecture avait été montrée en marbre de Paros, je ne doute pas que les sujets de faïence n'y eussent singulièrement gagné. Mais j'ai une observation plus grave à faire à cette installation. La lumière qui l'enveloppe est si brutalement aménagée qu'on ne trouve presque nulle part le point de vue qui garantit des reflets entretenus sur les surfaces brillantes des émaux. Partout la lumière blanche s'y réfléchit et éblouit les yeux. On aurait certainement obvié à cette insupportable souffrance en aveuglant l'arcade de flanc du portique et en supprimant de ce fait le jour frisant. On prévoit très bien l'excellent résultat qu'on eût obtenu, quand on observe l'éclairage calme et doux de la porte des galeries, qui ne reçoit qu'une lumière de face, au centre du portique. Notons cependant encore, Messieurs, cette seconde application architecturale de la céramique, et donnons-lui une bonne pensée, malgré la fatigue qu'elle impose à la vue ; car c'est une tentative hardie et très habile.

IV.

Si maintenant vous voulez bien vous retourner, vous vous trouverez en face du *Pavillon de la ville de Paris.* Ce pavillon occupe le centre d'un parterre que je n'ose appeler vaste, parce que, dans notre Exposition, les vides ne sont guère vastes, hélas! Est-ce bien le cas de dire « hélas! » quand on songe que cette exiguïté d'espaces tient à tous les biens qui sont venus surprendre nos laborieux efforts! Nous nous croyions appauvris ; et au fond de notre incessant travail, nous nous sommes découverts très riches. Si bien qu'il a fallu remplir tout l'espace et qu'il n'est plus resté de marge au tableau. Quoi qu'il en soit, dans ce trop petit parterre se trouve le *Pavillon de la ville de Paris*. Il couvre un demi-hectare, s'élève souverainement sur sa base et gagne l'espace avec majesté. Je ne vous y fais pas entrer; les richesses de l'intérieur sont si nombreuses et si pressées qu'elles font quelque peu tort à l'édifice. C'est la même plénitude que nous rencontrons partout. Restons donc à l'extérieur. Il ne manquera pas de nous intéresser. Voici un nouvel essai de la terre cuite, de l'émail, de la polychromie. Il est tenté par un autre artiste, et non sans talent. L'étude est délicate et fine. Dans les lignes de fer qui encadrent l'édifice et dans les remplissages de céramiques qui étoffent les parois, on découvre l'amour passionné des ajustements et les soins méticuleux des assemblages. Mais tout cela montre combien le fer mérite d'être accueilli dans les œuvres de la forme, quand on ne lui fait pas excéder le rôle qui lui est acquis par ses propriétés mécaniques et quand on renonce à réclamer de lui des avantages qu'il ne peut fournir. On le voit ici paraître dans la mesure qui lui convient. On ne le voit nulle part se substituer aux lieu et place des matériaux capables de nourrir la forme. Et c'est par là que cette construction étale victorieusement dans son cadre la richesse de ses reliefs et la variété de ses couleurs. Je ne dis pas qu'il y ait là toute la justesse plastique désirable. Non, je dois être plus difficile; parce que je parle devant vous, Messieurs, et parce que je veux me rechercher jusqu'à ne dire que ce qu'il y a de plus sévère en ma pensée.

Quels sont donc les défauts de cette œuvre? J'y ai applaudi, vous l'avez vu; mais, je l'avoue, je réservais quelque chose dans mon applaudissement. Quand j'observe cet objet, je me sens ramené avec trop de persistance vers l'ossature qui le maintient. Mon œil a peine à s'en détacher et il lui faut faire des efforts trop laborieux pour gagner le champ des céramiques, où se développent les vraies richesses de l'édifice. S'il y parvient, il ne s'y repose pas tranquille et comme il faut pour apprécier des formes. Je sais bien que cette ossature est à sa place ; mais elle occupe apparemment trop d'espace. En sorte que, quand je regarde cet objet, je pense à un coffre bien serti plutôt qu'à un édifice artistement formé; à un coffre grandi montrant partout l'épanouissement de sa sertissure. J'entends quelques-uns de mes auditeurs m'objecter qu'une salle d'Exposition n'est, à vrai dire, qu'un grand coffre, et qu'ils ne voient pas de mal à ce que ce caractère fondamental reste apparent dans la figure de l'édifice. Je me rallierais volontiers à cette opinion sommaire, s'il ne s'agissait ici que d'une construction correctement et proprement aménagée pour un service matériel. Mais nous avons mieux que cela sous les yeux. Le pavillon de la ville de Paris est une œuvre qui vise et qui mérite le titre de composition d'art. Il faut donc l'apprécier au point de vue des qualités *formelles* que révèle son architecture. C'est quand on l'envisage ainsi qu'on trouve, au milieu de la recherche si scrupuleuse et si soignée qu'elle dénote, la place d'une critique. Une fois admis le beau parti des terres cuites et des couleurs émaillées pour constituer les valeurs expressives de l'édifice, on porte péniblement la distraction des lignes métalliques qui ne perdent nulle part l'allure d'un agencement mécanique. On souhaiterait des assemblages apparemment moins habiles, des jonctions moins raides entre le métal et les panneaux, quelques ondulations ménagées aux confins des terres cuites. Mais à côté de cette exigence bien sévère pour un travail aussi neuf, sachons apprécier, Messieurs, le vrai talent que dévoile le pavillon municipal et souhaitons qu'il soit conservé, comme on l'a annoncé, au delà du terme assigné à notre Exposition. Peut-être dégagerons-nous alors toute la leçon qu'elle porte en elle.

V.

Après avoir dépassé ce *Pavillon de la ville de Paris*, on arrive au porche qui dessert la seconde branche des Beaux-Arts. L'ordonnance générale est la même que celle du premier porche. Mais l'intérêt se concentre sur l'entrée elle-même, qui fait motif à part, au lieu de se dépenser sur un fond remplissant les trois arcs. L'ajustement est puissant et bien fait pour fixer l'attention. C'est une composition hardie, homogène, et dans laquelle le sujet est vigoureusement attaqué. Elle a fait appel à deux procédés qui portent toujours coup, lorsqu'ils sont bien menés. D'abord l'œuvre ne comporte qu'une seule matière et la tonalité générale et dominante qu'elle dégage ramasse le site dans une forte impression d'unité. Le tout est en terre cuite rosée et parsemée d'émaux et de dorures. Ensuite les plans et les lignes se composent et s'ajustent par voie de répétition. Vous avez le tableau qui entoure la baie; puis un chambranle; puis un second chambranle portant une première frise; puis deux supports portant la grande frise d'expression puis un dernier chambranle enfermant le tout. Ces valeurs qui répètent invariablement l'élément vertical et l'élément horizontal de l'objet, sont l'application d'un des moyens les plus efficaces de l'architecture; mais il ne faut pas s'y tromper, il ne s'agit pas ici de figures, de valeurs, de mesures identiques. Le tableau de la baie est mince; le premier chambranle s'élargit; le pilastre prend une valeur considérable; le dernier chambranle s'atténue, et le tout est couvert, ou souligné, ou traversé, ou simplement touché d'émaux et d'ors. Cela constitue un ensemble très mouvementé et très solide, duquel surgit comme amortissement une grande et vigoureuse figure d'Apollon. Cette vaste composition est pleine de couleur, et ce qu'il faut louer en elle, c'est la hardiesse et la mesure du procédé polychromique. La terre cuite du fond se nuance et vibre de tous les accidents de la cuisson. Le ton ondule, en quelque sorte, à travers la grande page, perdant ou gagnant de la vigueur selon que le feu dans la cuisson a rencontré une pâture plus ou moins facile. L'œil s'y promène au milieu d'agaceries très spirituelles; il est tout entraîné et comme soutenu, quand les verts, les noirs, les bleus des émaux et les ors le surprennent et l'arrêtent. La palette est, d'ailleurs, fine et discrète. On peut dire à la louange de l'artiste que la puissance de l'effet est ici due à la sobriété des moyens. Je ne voudrais pourtant pas rester trop longtemps avec vous devant cette forte étude. Je ne saurais peut-être pas me taire sur certains défauts de mesure dans les figures encadrées qui coupent les pilastres, dans les divisions de la grande frise et dans la figure de couronnement. Mais constatons un fait important. Voilà, si je ne me trompe, la quatrième fois que je vous signale l'usage architectural des terres cuites et des émaux. Si nous parcourions les installations isolées, nous trouverions bien d'autres tentatives analogues. Pour nous en tenir au Palais, voici quatre artistes différents, qui subissent le même entraînement et qui, avec la même audace, au milieu de difficultés diverses et dans les conditions les plus dissemblables, se sont jetés dans une application nouvelle, parce que l'époque leur mettait en main une ressource nouvelle. Je dis, Messieurs, qu'il faut les louer, en même temps qu'il faut nous féliciter d'avoir à notre disposition cette récente conquête. C'est un bien que personne ne discutera et qui portera ses fruits dans nos œuvres d'architecture si diverses par leurs programmes, et si exigeantes dans les manières dont elles veulent être traitées.

Nous voilà arrivés à peu près aux deux tiers de la longueur de l'édifice. Mais, hélas ! ce que je craignais se réalise : le champ que nous parcourons a 1,500 mètres de longueur, et il faudra revenir ! Je cours grand risque de vous fatiguer. Il faut que je fasse appel à votre courage ; car je ne puis pas vous laisser là.

VI.

Voici la galerie des Beaux-Arts. Oh! ici ma critique sera grave et sévère, car il n'y a vraiment pas d'autre moyen d'apprécier utilement cette suite de salles dans lesquelles sont abritées nos œuvres les plus précieuses. Quand je pénètre sous ces velum écrasés, au milieu de ces tableaux qui se pressent les uns les autres et qui m'attaquent de toutes parts, je sens que l'espace manque; il me semble, si je puis employer cette image, que mon œil étouffe. Je me demande si la vue, à laquelle on refuse ici le moindre coin de repos, n'est pas une malheureuse condamnée aux travaux forcés. Je souffre, et je me plains. Si vous voulez bien réfléchir, Messieurs, vous vous rendrez compte de cette souffrance. Lorsque notre vue fonctionne *précisément*, c'est-à-dire lorsque nous regardons quelque objet, elle met toujours en concordance deux gymnastiques distinctes de l'œil : la vue directe et la vue indirecte. La vue directe, qui ne met en action que la très petite portion centrale de notre rétine, est très claire, très nette, très précise. C'est elle qui voit vraiment. Mais elle est aussi très délicate, très facile à distraire et à troubler, très prompte à la fatigue. Elle ne fonctionne bien que si elle se sent protégée dans tous les environs du lieu de son travail, et assurée de calme. C'est le rôle de la vue indirecte de lui ménager ces conditions indispensables. Celle-ci s'exerce par toute l'étendue de la large tapisserie rétinienne qui entoure la *tache jaune* au fond de l'œil. C'est de là qu'elle effectue des reconnaissances générales autour du champ de la vue directe. Son action est très étendue, mais vague. Elle constate toutes formes en gros, mais n'en définit aucune. Elle se promène aux alentours. Elle va chercher quelquefois très loin les territoires reposants où les luttes *formelles* s'éteignent et où la vue efficace n'aura plus rien à faire; et elle en avertit celle-ci. Elle fait ainsi sa sécurité dans un centre réservé, tandis que, elle, elle joue en quelque sorte le rôle de grand'gardes. Mais, pour cela, il faut qu'elle rencontre quelque part ces localités effacées que nous nommons des repos. Or, il n'y en a pas du tout dans notre installation des Beaux-Arts. La vue directe est simultanément sollicitée partout. Ses grand'gardes ne sont nulle part utilisables. Elle s'amorce en tous sens; et, se sentant toujours en aventure, elle ne se prend en aucun point. Aussi la peinture ne se voit pas à l'Exposition, ou elle se voit si mal que c'est tout comme si on ne la voyait pas. Je sais bien que, dans une œuvre aussi étendue que celle que nous visitons ensemble, il est impossible qu'il n'y ait pas quelque part un point faible. Eh bien ! le point faible de notre Exposition, le voilà. Cela est malheureux, et d'autant plus regrettable qu'il eût suffi de s'enquérir un peu de ce qui s'était fait ailleurs. Je me rappelle qu'à Londres, en 1862, nous avions sous les yeux une exposition des Beaux-Arts admirablement installée; et cela tenait précisément à ce qu'on avait su ménager aux objets les fonds nécessaires au régulier exercice de l'œil. Les entourages, leur neutralité, leur insignifiance cherchée, surtout leur étendue, offraient une large assiette à la vue protectrice, à la vue de grand'garde, et la maintenaient en posture de sauvegarder incessamment les délicates occupations de la vue directe.

Cette exposition des Beaux-Arts de Londres, je me la suis toujours rappelée et j'en revois encore les attrayantes dispositions comme si j'y étais. Elle consistait en une grande galerie de 15 mètres de large et de 15 mètres de haut. Sur les stylobates, à la hauteur de $1^{m}10$ ou $1^{m}20$, se trouvaient les tableaux qui occupaient 6 à 7 mètres en élévation; puis au-dessus, le mur nu s'élevait de 5 ou 6 mètres; au-dessus de tout cela, enfin, par delà la voussure, le vaste châssis de plafond s'ouvrait; et de là-haut la lumière tombait dans la salle. Et ne rencontrant rien qui pût les contrarier, les vibrations de l'éther descendaient sans trouble jusqu'à l'œuvre d'art qu'elles attaquaient simplement, franchement et d'ensemble, afin de vous en rapporter la loyale image. (Bravos.)

Que si, au contraire, comme c'est le cas pour nos galeries, la lumière pénètre dans la salle à travers un plafond à peine distant de 60 ou 80 centimètres de la partie supérieure des toiles, aucune de ces conditions ne se trouve remplie : les ondes lumineuses, heurtées et troublées à leur passage dans les verres du châssis et l'étoffe du velum, n'ont pas le temps de se calmer avant d'atteindre les œuvres. Elles y arrivent en désordre et elles nous en rapportent le trouble et la fatigue que nous éprouvons si promptement, au milieu des richesses exposées.

Maisc'est assez nous appesantir sur ce point. Nous

devons avoir le courage de signaler les erreurs dans lesquelles nous sommes tombés, mais nous ne devons pas les exagérer en les critiquant outre mesure. (Applaudissements.)

VII.

Arrivés à l'extrémité de la galerie des œuvres d'art, nous tournons à gauche, dans le vestibule de l'Ecole militaire, pour rentrer à gauche, dans la *galerie des machines*. C'est un immense vaisseau de 615 mètres de longueur, de 35 mètres de largeur et de 25 mètres de haut. Là s'échelonnent dans l'espace fuyant, dans la longue perspective, 41 ou 42 travées divisées par des fermes espacées de 15 en 15 mètres.

Le spectacle est admirable! Quand toutes les machines sont en train, qu'elles se meuvent dans l'espace, qu'elles nous étourdissent du bruit de leur travail, peut-être avons-nous quelque peine à saisir l'imposante et ferme simplicité de l'ordonnance de la construction. Mais si vous êtes venus quelque matin dans la galerie des machines, alors que tout repose, je sais bien que, malgré l'importance, ou plutôt à cause de l'importance des objets qui composent cette Exposition monumentale, vous aurez apprécié l'architecture du local qui l'enceint. Vous y aurez découvert une qualité rare : il est respectueux de son rôle, c'est-à-dire qu'il s'efface devant ce qui doit être mis en relief et frapper le visiteur, au profit de l'objet visité. Mais sous cette discrétion vous aurez reconnu la justesse et la force de l'expression. Elle est toute dans la répétition de ces arceaux, qui se reproduisent d'un bout à l'autre et qui se présentent avec une solidité transparente à l'œil et à l'esprit. Avec d'aussi simples ressources d'art, l'œuvre se dégage somptueuse et belle. C'est ainsi, du reste, qu'elle a été généralement jugée; jusqu'ici je n'ai entendu critiquer ni l'expression, ni la forme, et j'ai surpris souvent, ce que je me plais à rappeler devant vous, la louange et l'applaudissement. Aussi, Messieurs, je vous les demande à vous-mêmes, ces applaudissements. Car si je me suis imposé la règle de ne nommer personne dans la description et l'appréciation des œuvres qui m'ont amené à cette tribune, je crois qu'il est ici de mon devoir de faire une exception à cet engagement en proclamant le nom de l'auteur mort à la tâche : je nomme de Dion. (Vifs applaudissements.) Dans ce palais de l'Exposition, au milieu de la grande pléiade qui a poursuivi et achevé l'entreprise, de Dion a fait une œuvre supérieure, et aucun de ses collaborateurs n'a discuté cette supériorité. De Dion était un solitaire; c'était un penseur; c'était une grande conscience; et, dans son élévation — le mot n'a rien d'excessif — dans son élévation journalière, il avait attendu patiemment que sa pensée et son travail fussent arrivés au summum de leur puissance pour en répandre les fruits. (Nouveaux applaudissements.) Et c'est pour cela que nous, ses amis, ses vieux amis, nous avons, à l'heure qu'il est, l'immense douleur de ne posséder que le souvenir des grandes lumières que nous avons vu resplendir autour de lui.

Laissez-moi vous faire l'historique de l'œuvre de de Dion à l'Exposition universelle. Sa grande chose, c'est la galerie des machines, et une annexe construite depuis, au moment où l'on découvrait que tout était insuffisant. Cette annexe est en quelque sorte une miniature encore plus affinée que la grande galerie. De Dion était un ingénieur émérite, qui était possédé d'un grand amour de la science; mais il avait quelque chose de plus encore, il avait ce que j'appellerai la seconde vue de la construction, le flair des grands équilibres, la mesure incarnée des stabilités difficiles. Il avait la conscience et la prescience de la lutte de la matière avec les forces qui tendent à la détruire; et cette prescience se traduisait à chaque instant par des points de vue on ne peut plus larges et plus généreux. (Applaudissements.)

De Dion pensait que le fer, alors qu'il arrive entre les mains du constructeur, représente une telle quantité de travail humain qu'il est indispensable de l'employer avec économie. Il avait la passion d'économiser cette matière, et cette passion procédait d'une idée juste, certainement. D'un autre côté, il avait la conviction, il s'était démontré avec quelques autres, que, de tous les matériaux, le fer est le seul, — jamais l'homme n'en a connu d'autre avant lui, — le seul qui soit susceptible de s'assembler avec lui-même de telle façon que le point d'attache soit plus solide que les autres. Un rivetage bien fait entre deux morceaux de fer, qu'il serre suffisamment l'un contre l'autre, peut constituer un point plus solide que les parties assemblées. Donc, concluait de Dion, on peut établir avec du fer tout ce que l'on veut d'un seul morceau. Et il ajoutait : « Les constructeurs s'efforcent journellement de tirer parti des matériaux qui ne sont pas susceptibles d'assemblage parfait; ils les attachent péniblement les uns aux autres, et l'on crée des pièces qui restent séparées par des points faibles. Les organes qu'ils obtiennent ainsi ne sont pas sûrs; leurs parties ne sont pas solidaires, c'est-à-dire qu'elles ne sont pas disposées de façon à pouvoir résister aux efforts pour lesquels elles ont été prévues, en même temps qu'aux efforts contraires. Si bien que, dans une ferme composée d'arbalétriers et de cordes qui en retiennent les pieds, si une cause quelconque change la distribution et la nature des forces qui agissent ordinairement sur l'édifice, si un vent — dont je veux exagérer la force — tend à renverser l'un des supports, la ferme va se plier en deux comme un soufflet, et l'œuvre va être ruinée. Pour éviter ces sortes de dangers, vous êtes forcé de faire les supports de vos combles d'autant plus forts et plus stables en conséquence.

De Dion disait avec quelques amis : « Il faut faire le comble rigide; il faut faire la ferme rigide. » On lui répondait : Il n'est pas commode de déterminer juste la quantité et la répartition de la matière nécessaire à des ouvrages compliqués comme le sont les combles. Comment s'y prendra-t-on pour disposer et proportionner un comble rigide courbe? De Dion n'était pas homme à s'effrayer devant le fait et nous l'avons vu aborder celui-ci sans hésitation. Il s'est mis à la tâche à propos des travaux de l'Exposition, et il a résolu le problème. Il l'a tellement bien résolu, tellement bien disséqué, si je puis employer cette expression; il a si bien distingué les difficultés les unes des autres, il les a si bien définies, dénommées et classées, qu'il est arrivé à pouvoir toujours établir ce qu'il appelait les conditions mécaniques de *sa ferme,* c'est-à-dire en placer l'axe neutre là où il fallait, à en déterminer partout le moment d'inertie et à mesurer les sections suffisantes aux efforts dangereux. Et il est arrivé, — je passe sur les détails, car je ne puis qu'effleurer la question, — il est arrivé à ce résultat qu'avec plusieurs courbes méthodiquement construites sur les données positives du problème et sur des hypothèses judicieuses, il découvre de proche en proche et par voie de combinaison, des *intersections* qui fixent les points dangereux de la construction et mettent un ingénieur, qui a du savoir et du tact, à même d'armer avec certitude tous les points menacés d'une *ferme* courbe et d'économiser la matière dans le reste. C'est ainsi que de Dion a su faire la mesure préventive de tous les dangers simples ou composés qui pouvaient menacer sa ferme de la galerie des machines.

Voyez-la : c'est une poutre courbe dont tous les points sont capables de résister à la flexion sous l'action des efforts prévus. Tous les déplacements secondaires ont en outre été déterminés si bien que, quand de Dion a eu à faire les expériences de vérification auxquelles il a voulu procéder avant sa mort, il a eu la satisfaction intellectuelle la plus grande qu'un esprit généreux puisse éprouver, celle de constater qu'il avait préparé une méthode et une solution qui se trouvaient confirmées dans l'application. (Applaudissements.)

VIII.

Il faut, Messieurs, quitter ce palais de fer ! vous ne me permettriez pas d'y rester plus longtemps. Nous en sortons par le grand vestibule; nous longeons le parterre qui s'étend devant nous. Et, puisque nous passons devant cette admirable figure de la *Liberté* aux Etats-Unis, permettez-moi de la saluer au nom de la marque de civilisation qu'elle porte au front et pour rendre hommage à ses grandes qualités plastiques. (Applaudissements.)

Après avoir traversé le pont d'Iéna, nous voici en face du palais de pierre. Cette œuvre, Messieurs, est une des plus rares expériences de grande plastique qui aient été faites à notre âge. Nulle part que je sache, et depuis que j'observe, on n'a vu une scène semblable mise à la disposition d'un architecte. Ces grandes lignes qui se développent sur 500 mètres, et qui couronnent à 30 mètres de haut les berges du fleuve, ces crêtes qui enferment l'horizon du Champ-de-Mars, ces perspectives qui se portent à 1,500 mètres, non je ne connais rien qui puisse être comparé à des données pareilles. Je ne me permettrai pas, Messieurs, de juger cette œuvre aujourd'hui; parce que cela n'est pas possible. A l'heure actuelle, le palais du Trocadéro, qui a dû être en même temps une œuvre provisoire et une œuvre définitive, ne nous offre que les conditions d'un jugement provisoire, parce que ce qui l'encadre, c'est le provisoire, et qu'on ne saurait juger une œuvre d'architecture, pas plus qu'une œuvre d'art quelconque, sans tenir compte de son milieu et de son cadre. Je l'ai dit aux auteurs, en les applaudissant, en leur serrant la main comme témoignage de notre satisfaction nationale, je leur ai dit: « Toutes réserves faites pour demain; car aujourd'hui nous n'y voyons pas tout à fait clair..... ni vous non plus peut-être. » (On rit.)

Quant à ce qui est du présent, de la valeur actuelle

de l'œuvre telle qu'elle est avoisinée, c'est autre chose! Lorsqu'on sort de cette longue promenade qui nous a montré les produits du monde entier dans ce palais de fer tout fermé, et qu'en plein air, en traversant la Seine, sous le ciel bleu, derrière le chevauchement des cent toitures jetées comme au hasard dans les parterres, on découvre l'immense édifice de pierre avec le cortége ds ses innombrables baies qui vous enceignent de toutes parts, c'est magnifique et très-saisissant! Pourquoi? Peut-être ne répondrai-je pas suffisamment à cette question! Mais je dirai ce que j'en sais.

Il y a quelque chose de neuf à Paris, dans cet immense palais du Trocadéro, mais cette chose n'est pas ce qu'on croit généralement. Vous entendez dire et répéter : « C'est de la polychromie; les architectes ont fait de la polychromie! » C'est le mot aujourd'hui à la mode. Cependant il s'en faut de tout que ce soit là de la polychromie. J'entends l'objection : on me dit qu'il y a des matériaux de couleurs différentes dans la construction. Je ne le nie pas; aussi n'ai-je pas dit que la robe de l'édifice fût d'une seule couleur, monochromique. J'ai dit que l'image qu'il nous montre n'était *pas une polychromie.* Dans les arts de la forme, ce mot nous rappelle une scène où l'œil discerne incessamment la diversité des couleurs qui y sont mises en jeu. Tel n'est pas l'objet qui vous frappe ici. Ce qui vous touche, au contraire, c'est la simplicité du ton général. Quand vous vous placez au point de vue juste, l'édifice vous paraît *monotone,* d'un seul ton; mais d'une monotonie douce, sans sécheresse. Il semble que les rayons visuels ne sont pas choqués à la surface des pierres, qu'ils les pénètrent dans leur profondeur. Ce résultat est bien digne de remarque quand il est produit à l'échelle que nous voyons. Il mérite qu'on s'y arrête.

Le palais du Trocadéro est construit très simplement en moellons. Son appareil montre une alternance de deux assises de ton laiteux et d'une assise un peu rosée. Cela se répète sur tous les murs d'un édifice qui couvre 1,500 mètres carrés, et depuis le sol jusqu'au sommet, jusqu'à la cime des grandes tours de 84 mètres de haut. Je ne défends pas les tours, même pour le moment. Je ne sais ce que j'en penserai dans deux ans. Je dis seulement que toute cette robe est une *monotonie vibrante* et pleine de richesse, qu'elle est obtenue par un procédé très savant et qu'elle est réussie. La discrétion des deux couleurs alternées, leur quasi neutralité, la dimension des touches, tout cela concourt parfaitement à la fin voulue. Les rayons *formels* rosés et laiteux se mêlent en conséquence sans se laisser saisir isolément à la vue. Ils n'impriment dans notre œil qu'une résultante optique simple et douce; et ce n'est pas sans de très grands avantages dans un édifice dont les silhouettes, les lignes et les reliefs sont très tourmentés.

J'apprécie, pour ma part très haut, Messieurs, la riche et originale *monotonie* que je viens de vous décrire; et j'ai grand plaisir à la présenter sous la forme d'un applaudissement sans restriction.

Il y aurait bien d'autres choses à signaler. Si nous parcourions d'un bout à l'autre ces longs portiques, nous rencontrerions cent fois l'empreinte d'une main habile et fort expérimentée. Il est certain, d'ailleurs, que l'abondance et la répétition des percements entourent la scène de somptuosité. Il y a des personnes qui discutent, à bon droit peut-être, l'étroitesse des portiques et la diversité de l'échelle dans les différentes parties de l'édifice. Il y en a d'autres qui signalent quelque encombrement dans les parties pyramidantes du motif central. Ces critiques sont prématurées. Les jugements sains veulent être médités. Contentons-nous aujourd'hui de noter l'impression qui se dégage du palais du Trocadéro en pleine Exposition : elle est forte et grande. Plus tard, lorsque le Champ-de-Mars sera dégagé, quand l'espace sera redevenu libre de ce côté, que les premiers plans ne seront plus encombrés comme ils le sont aujourd'hui, on verra ce que deviendront les silhouettes du plan et de la coupe; on verra si les contrecourbes des portiques et de la rotonde n'exaltent pas celle-ci, ne l'enflent pas jusqu'à tourner involontairement la pensée vers une idée de gibbosité. Mais encore une fois, ne parlons ici que de ce qui se présente à nos yeux, quand nous gagnons le palais de pierre, après avoir vu l'autre : c'est, au milieu des accompagnements qui l'entourent, un des panoramas les plus riches et les plus abondants qu'on puisse rencontrer. (Applaudissements.)

Le temps me manque dans cette course essoufflée. Mais je veux vous indiquer deux choses qui témoignent des soins infinis que les artistes ont accumulés dans cette œuvre.

Vous savez que, derrière les murs de cette pièce où je parle, il y a cette grande salle ronde de 50 mètres de diamètre, qui peut contenir 5,000 personnes. Je laisse de côté son dispositif d'art et son ornementation, vaste sujet que le temps ne me permet pas d'aborder. Mais je désire vous parler de mesures prises pour assurer la salubrité du lieu et pour y favoriser l'audition. Sans ces précautions, la salle était manquée. Si elles réussissaient, deux problèmes sans précédents trouvaient leur solution. Les résultats sont vraiment surprenants. Les Français qui m'écoutent l'apprendront avec satisfaction et mes autres auditeurs ne m'en voudront pas, j'en suis sûr, si je le constate devant eux.

Dans cette salle, où 5,000 personnes devaient se réunir pour entendre des musiciens et des orateurs, il fallait assurer le moyen de répartir également et purement le son à toutes les places. La question a été posée et traitée, on peut le dire, avec toutes les ressources que la science possède aujourd'hui. Elle a été très ingénieusement résolue. On a visé deux buts. Le premier, c'est d'économiser le son. Pour cela, on a ménagé les étoffes qui amortissent les vibrations sonores; on leur a donné peu d'épaisseur; on y a évité les plis; on les a tendues et collées aux parois. Le second, c'est d'ajouter un renforcement au son produit sur la scène. On l'a obtenu à l'aide d'une conque sonore, qui rattrape le son égaré derrière le chanteur et qui le renvoie dans les parties les plus éloignées de la salle et de manière qu'il arrive assez vite à l'oreille pour ne pas troubler les vibrations des notes venues directement. Si les résultats ne sont pas complets, ils sont surprenants, je le répète. Pour certains sons, pour les sons violents, on constate certaines résonnances; quelquefois même un commencement d'écho. Cela n'a pas pu être corrigé, parce qu'il faudrait faire quelques travaux inexécutables au milieu des services journaliers de la salle. On ne peut d'ailleurs pas arriver à un résultat parfait en pareil cas, sans tâtonnements. Scientifiquement, nous ne sommes pas en mesure, malgré les derniers travaux de M. Heilmoltz, de dire combien l'oreille met de temps à percevoir un son. Il y a là sinon une inconnue, au moins un chiffre encore un peu vague. Or, pour savoir exactement de quelle latitude de temps on dispose pour renforcer un son direct par un son de secours tardivement venu de plus loin, il faudrait avoir ce chiffre. Autrement il faut tâtonner. Quand on a trop de son, c'est très simple : On en absorbe une partie dans des étoffes moelleuses, au delà des auditeurs, et l'on est assuré contre les résonnances ou les échos. Mais quand on a de très grands espaces et relativement peu de son; quand on est déjà obligé de renforcer les vibrations sonores directes, on ne peut pas user des étoffes profondes; car on ne peut rien perdre. Alors on fait ce que les auteurs ont fait : on emploie des surfaces amortissantes, qui le sont à peine. C'est une question de mesure et de mesure très délicate. Il reste encore un peu de résonnance à la salle du Trocadéro, on ne saurait le nier. Mais, au point où l'on en est arrivé, c'est un inconvénient auquel il semble qu'il sera facile de remédier.

J'arrive aux dispositions de salubrité prises dans cette salle. Vous savez, Messieurs, combien il arrive souvent qu'on respire mal ou qu'on étouffe de chaleur, lorsqu'on se rassemble en foule dans un endroit fermé. Je sais bien que la salle dont nous parlons est disposée de telle façon qu'il reste un vaste espace vide à la partie supérieure, espace où nul humain n'habite et d'où l'air peut utilement descendre et venir baigner les spectateurs en réparant leur atmosphère. Mais cela ne suffirait pas pour préserver du chaud une foule aussi nombreuse et pour la mettre à même de respirer constamment un air pur. Cette fois la solution ne laisse rien à désirer. A travers des galeries larges comme des tunnels de chemins de fer (elles ont jusqu'à 16 mètres de section), des machines puissantes alimentent la salle de 200,000 mètres cubes d'air par heure et par personne. Cela suffit à la remplir. L'air s'échappe par 5,000 petits pertuis, et à petite vitesse. Dans ces conditions, l'atmosphère de la salle est parfaite. J'ai assisté à une audition avant-hier. Vous, vous le rappelez, la chaleur au dehors était accablante. Dans la rotonde, au contraire, la température était des plus agréables ; il y faisait frais, ce frais innocent et débonnaire qui ne peut nuire ni déplaire à personne, qui ne laisse aucune place au souvenir du paletot que garde le vestiaire ; c'était un frais comme on le souhaite quand on a trop chaud, un frais honnête homme avec lequel on ne craint pas de se commettre un long temps. (Applaudissements.)

Par d'autres côtés, cette œuvre du palais de pierre est littéralement étourdissante. Quand on connaît un peu l'architecture et quand on sait par combien de tâtonnements, d'essais en tous sens, de repentirs, de remords et de retours il faut passer avant d'arriver à la solution satisfaisante ; quand on a quelque notion de tout cela et quand on songe que c'est en moins de vingt mois que le projet a été conçu, enfanté, discuté, administrativement corrigé, et que l'œuvre a été mise à exécution et finie, vraiment on n'en revient pas! Car, je vous l'ai dit, Messieurs, si ce que vous avez sous les yeux rend temporairement un service provisoire, ce n'est pas une œuvre provisoire. A part une ou deux salles comme celle-ci, dont ce n'est pas la peine de parler, l'œuvre est achevée et parachevée; elle a été exécutée avec tout le soin que comporte une œuvre qui doit durer. Quel tour de force!

Messieurs, il ne me reste qu'à vous prier d'excuser l'insuffisance du cicérone qui vient de vous conduire au milieu de ce grand théâtre. J'ai fait ce que j'ai pu, mais il était impossible d'épuiser un sujet tel que celui-ci; les convenances m'interdisaient, d'ailleurs, les jugements absolus. Vous prendrez cela pour une reconnaissance que nous a fait faire ensemble votre bienveillance, et vous me permettrez de terminer en disant que nous, qui avons suivi de plus ou moins près l'œuvre collective de notre administration française, nous avons voué une grande reconnaissance à ceux qui l'ont conduite à si bonne fin. (Vifs applaudissements.)

M. le Président. — Je crois être l'interprète de l'assemblée tout entière en remerciant M. Emile Trélat des choses intéressantes qu'il a bien voulu nous apprendre, et en lui adressant mes plus vives félicitations. (Nouveaux applaudissements.)

La séance est levée à 3 heures 40 minutes.

MERCREDI 31 JUILLET 1878.

CONFÉRENCE

SUR

L'ENSEIGNEMENT

DE L'ARCHITECTURE

Présidence de M. le Commandeur
BETOCCHI

CONFÉRENCE

Messieurs,

Mon premier soin, après vous avoir salués, est de vous dire la situation particulière qui m'est faite à cette tribune.

Il y a trois jours, j'ignorais que je dusse m'y présenter et avoir l'honneur de vous parler. Il y a trois jours, j'ignorais le sujet que je serais amené à y traiter.

Je ne suis pas prêt. Mes pensées ne sont pas ordonnées à la mesure de votre auditoire. Je ne manquerai ni de courage, ni de bonne volonté; mais je vous demande votre indulgence.

Il y a une autre observation que je dois faire ici. Il ne m'est pas permis de parler en public, au moins sur une question semblable à celle qui m'est imposée, sans que j'engage d'autres personnes que moi. Je suis, à l'égard de ce sujet, un être collectif. Je vous demande loyalement votre bienveillance. (Applaudissements.)

Messieurs, avant-hier j'ai pu venir à ce beau congrès. Avant-hier, un de nos confrères les plus distingués vous parlait dans un langage extrêmement châtié et traitait un sujet d'une grande élévation [1]. Il s'agissait, vous le savez, des plus hautes spéculations artistiques. L'auteur, M. Hermant, développait un thème d'ancienne prédilection pour lui, et nous avons tous écouté avec un grand bonheur des considérations longuement travaillées, — il n'avait pas besoin de le dire.

La première pensée de l'orateur a été de se plaindre de la tyrannie de son titre. Et moi, Messieurs, que devrais-je dire ici ? Je suis l'esclave d'un titre que je n'ai pas fait : *L'Enseignement de l'architecture.* Si je devais parler académiquement de l'enseignement de l'architecture, je dirais avec conviction qu'en France nous possédons toutes les ressources d'un enseignement parfait. Si je devais traiter de l'enseignement de l'architecture dans le sens littéral du mot, c'est-à-dire dans le sens de l'éducation artistique, je n'aurais rien de plus complet à indiquer que le vieux procédé des maîtres ; et, à cet égard, j'applaudirais sans réserve à l'organisation que nous avons actuellement. (Applaudissements.)

Faire un artiste, c'est faire mettre la main à la pâte au jeune homme qui deviendra plus tard un artiste consommé ; c'est le placer dans un atelier. Heureux si dans cet atelier il trouve un maître qui le conduit loin ! Il est l'homme de son maître. En France, avec notre admirable École des Beaux-Arts, avec le personnel considérable et considéré qui la

[1] L'esthétique à la portée de tout le monde.

patronne et qui y professe, avec les collections si magnifiques qui appartiennent à cette Ecole, nous avons tout ce qu'il faut pour que l'éducation artistique se développe dans la plus large mesure; et je dirai que l'École des Beaux-Arts, telle que nous la connaissons tous est l'arène la plus favorable à l'entraînement de la jeunesse qui se voue à l'art et à l'architecture. Il y a là à peu près toutes les ressources qui amèneront, dans les meilleures conditions, ce jeune personnel à occuper les postes d'architectes des monuments publics.

Disons, pourtant, que, dans ces postes, et à Paris surtout où se centralisent tous les services de l'architecture publique, nous sommes pourvus de telles ressources, nous bénéficions de tant de simplifications opportunes, que l'artiste garde pour la composition de ses œuvres toute la facilité de son tempérament, toute l'étendue de son génie. L'architecte de monuments publics est entouré, à Paris, d'un personnel d'entreprise qui met à son service toutes les ressources scientifiques possibles, et qui dégage cet artiste, ce compositeur, ce concepteur d'édifices, de toutes les parties lourdes et pénibles de l'élaboration de son œuvre. Dans ces conditions, on conçoit qu'un artiste fortement instruit des choses de la forme, ait pu négliger la technique inséparable de son art, sans que sa pratique en éprouve un grand dommage.

Mais, Messieurs, il n'y a pas que des édifices publics, ni surtout que des édifices nationaux en France. Il y a *tout le monde* qui commande quarante ou cinquante fois plus d'œuvres d'architecture que les services généraux; et, dans ces applications, les conditions qui sont faites à l'architecte sont bien différentes de celles que je viens de vous décrire. L'architecte est, la plupart du temps, loin de Paris; il est seul; il faut qu'il pourvoie à tout; et les difficultés sont imprévues à chaque instant. Elles sont généralement, je le sais, d'ordre inférieur; mais elles sont nombreuses et s'accumulent autour de lui. Pour traverser victorieusement ces circonstances souvent troublantes, il lui faut une instruction spéciale et soigneusement appropriée. Eh bien! telle n'est pas la condition dans laquelle se trouvent ordinairement les architectes dont je me préoccupe. Ce nombreux personnel de l'architecture, qui fait beaucoup de travaux, peu brillants, pas assez brillants souvent, pas assez étudiés non plus, mais répondant, en somme, aux besoins du pays, ce personnel n'est pourvu d'aucune préparation efficace. Le public en souffre trop souvent dans ses goûts et dans ses intérêts; et cette souffrance rejaillit sur l'architecte lui-même. C'est là, Messieurs, une situation critique que je n'ai pas besoin de développer longuement devant vous. J'avais à peine séjourné une demi-heure avant-hier sur vos sièges que j'étais comme assailli par une plainte générale. De tous côtés, des confrères habitant la province me disaient : « Vous n'appréciez pas, à Paris, la condition précaire de l'architecte des départements. Nous sommes de jour en jour plus envahis par les agents voyers, les ingénieurs civils qui nous prennent nos travaux. Il serait urgent pourtant de trouver un remède à cette situation. » Il faut ajouter cette plainte à l'état critique que j'ai signalé. Les conditions professionnelles sont ainsi faussées, parce qu'elles se compliquent d'une lutte contre une intrusion, contre l'entrée de cet ingénieur sur un terrain que son incompétence devrait lui fermer; et parce qu'à titre de constructeur plus avisé, il y vient prendre, en effet, la place d'un autre.

Faut-il, Messieurs, rester indifférent à ce mal, — car c'est un mal? N'y a-t-il rien à faire, ou bien doit-on se dire : « L'enseignement de l'architecte de profession est insuffisant, incomplet. Organisons-le à la mesure des exigences du temps et de la société. »

Vous m'entendez bien, Messieurs. Je ne parle pas ici de l'enseignement officiel de l'architecture, de cette éducation exclusivement artistique dont je vous entretenais au début de cette conférence. Je parle de la condition professionnelle de l'architecte, et de la nécessité où il se trouve de s'armer en guerre contre des circonstances, contre des événements et même contre des intrusions qui menacent sa tranquillité et ses intérêts. Voilà, messieurs, le sujet restreint que j'entends traiter à la place du sujet très général dont le titre figure à côté de mon nom sur nos affiches. Nous nous entendrons parfaitement si vous voulez bien y rayer : « L'enseignement de l'architecture, » et y substituer : « *L'enseignement de l'architecte de profession.* » La thèse que je vais essayer d'exposer n'intéressera donc pas directement les architectes des services de l'Etat.

I.

Je suis obligé, avant d'entrer en matière, de remonter à des idées très générales; car la question est très compliquée, et l'on s'y perdrait si l'on n'en découvrait les principes.

Quand on considère ce temps-ci, on voit, — il ne faut pas de longues études pour cela, — que jamais, dans aucune civilisation ni chez aucun peuple, on n'a autant construit que maintenant. Je dis : autant construit. Laissons de côté la qualité, si vous voulez le permettre, le sujet est déjà bien assez plein. Mais quand on étudie l'histoire de notre art, l'histoire des édifices, on trouve ceci : que derrière l'édifice, il y avait autrefois un ordonnateur qui portait toujours le même nom, c'était l'architecte. Je sais bien que certains mots romains tels que *Machinator*, *Geometra*, *Architectus*, semblent être une contradiction de ce que j'avance. Il n'en est rien. Chez les Romains même, où la fonction s'est divisée, elle a toujours été remplie collectivement, et la direction d'un édifice, bien que multiple, a toujours procédé de la même organisation. On n'a jamais vu la concurrence s'établir autour des édifices entre des agences d'esprit opposé et de sources diverses. Au contraire, dans ce temps-ci, derrière les édifices, nous rencontrons deux espèces d'ordonnateurs qui se disputent le terrain. L'un s'appelle un artiste, l'autre s'appelle un savant; l'un s'appelle un architecte, l'autre s'appelle un ingénieur. C'est entre ces deux personnels, actifs, nombreux, ayant chacun leurs titres, que se partagent les œuvres. Ces deux personnels, quand on les regarde de plus près, présentent des touches et des traits singuliers. Ils ont en apparence le même langage; mais ils n'expriment jamais les mêmes idées. L'ordre de leurs pensées, leurs jugements sont opposés. Leurs intelligences ne procèdent pas des mêmes sources, et n'arrivent pas aux mêmes fins. En fait, comme ils ne tendent pas au même but, ils n'ont pas les mêmes procédés; si bien que, dans les faits, les actions sont contradictoires et décèlent une lutte profonde; lutte sans violence, parce qu'il n'y a plus de violences dans notre civilisation moderne. Les deux professions ne sont pas armées en guerre l'une contre l'autre, mais elles ne s'adaptent pas et leurs efforts restent dispersés par le défaut d'idées communes. Et par ce fait, le grand champ de l'art se trouve singulièrement, je ne dis pas compromis, — tant de ressources et de talents gravitent autour de ce champ-là que ce ne peut pas être, — mais il n'est pas développé à la mesure de ces ressources et de ces talents, parce qu'il y a des rencontres, des chocs et des frottements qui rendent beaucoup d'efforts infructueux. Il n'est pas sain d'ailleurs de voir nos édifices ordonnés et disputés par des concepteurs qui ne s'entendent pas sur le fond et qui divergent dans l'action.

Voilà les conditions relatives dans lesquelles se meuvent l'ingénieur et l'architecte au milieu de nos nombreux édifices modernes.

Il faut, Messieurs, que je parle de l'ingénieur aussi bien que de l'architecte si je veux faire comprendre quel est le lot qui appartient à ce dernier, et quel est l'enseignement qu'il conviendra de lui donner pour développer en lui le maximum de ses ressources.

Quand on l'interroge au fond de sa conscience et que l'on étudie ses œuvres dans tous les temps, on voit que l'architecte a une visée supérieure, transcendante, et qui domine toutes les autres, c'est la beauté de l'œuvre, la perfection de sa forme. C'est là, Messieurs, la qualité prépondérante qu'il entend lui donner, celle qu'on lui demande et qu'il laisse, en témoignage de sa supériorité, aux générations qui le suivent. (Applaudissements.) Ainsi nous pouvons appeler l'architecte un ordonnateur de formes, et même un constructeur de formes. J'emprunte ici, pour une part, une expression hardie de M. Charles Blanc, qui a écrit, il y a quelques années : « Un constructeur d'ornementation. » J'ai donc dit un ordonnateur, un constructeur de formes. Eh bien, Messieurs, est-ce que nous nous entendons bien lorsque je prononce ce mot : la forme? Permettez-moi d'en douter. Permettez-le moi; car j'ai beau remonter les temps, je ne trouve nulle part la définition de ce mot. Mais vraiment nous ne pouvons nous dispenser de fixer un sens au mot forme, si nous voulons nous entendre sur les choses de l'architecture. Je serai bien heureux si vous m'accordez quelques minutes pour rencontrer la définition de la forme. Je ne doute pas que vous ne me les accordiez, Messieurs; car, enfin, vous avez suivi l'autre jour avec une attention soutenue des idées très générales, très délicates, très abstraites et toutes métaphysiques. Aujourdui, je ne vous demande qu'à vous exposer sans m'y appesantir quelques faits très certains, d'en déduire quelques idées très positives et de conclure par une réponse claire à cette question troublante : « Qu'est-ce que la forme. »

Il y a longtemps, Messieurs, qu'en public déjà j'ai dit ce que je vais répéter. Fermez toutes les ouvertures par lesquelles la lumière plonge dans cette salle, fermez-les hermétiquement; puis interrogez-vous. En cet état, la forme est supprimée pour vous. Vous gardez le pouvoir de toucher les choses matérielles qui vous entourent; vous avez le pouvoir de comparer les dimensions de ces choses en usant de l'habileté de vos mains, de la délicatesse de votre toucher; vous pouvez tirer votre mètre de votre poche, et compter des longueurs dans tel sens, des largeurs ou des épaisseurs dans tel autre; vous pouvez supputer la dureté des corps, apprécier leurs odeurs, leurs goûts. Vous pouvez appliquer successivement ou simultanément tous vos sens libres à la connaissance de la localité ténébreuse où vous êtes plongés, vous ne parviendrez pas à constituer chez vous l'idée de la forme. Cela vous est défendu.

Au contraire, faites tomber les voiles; laissez plonger cette lumière sur la scène tout à l'heure éteinte. Le tableau que vous avez devant vous, c'est la *forme;* et rien que la forme, si vous ne compliquez pas l'observation que vous pouvez faire avec vos yeux par l'induction de vos autres sens.

Ainsi la forme serait, si je raisonne juste, le résultat du conflit de la lumière et de la matière. La lumière et la matière en lutte donneraient pour résultante la forme. Cela peut s'affirmer, Messieurs; car le fait que je décris est un fait absolument observable, et qui peut toujours se renouveler dans son observation. Mais on ne saurait être trop sévère pour rendre nette, positive, inéluctable, l'idée qui sert de fondement aux doctrines d'un art aussi considérable que le nôtre. Cela ne suffit pas; allons plus loin! Et c'est maintenant qu'il faut interroger directement le physicien et utiliser ses connaissances générales. Qu'est-ce que nous savons à l'égard de la constitution de l'univers? Nous savons ceci.

Il est admis par tous les savants, depuis longtemps déjà, mais cela est de plus en plus, de mieux en mieux éclairci et démontré; il est admis, dis-je, que le monde entier, que l'univers est un immense océan, et que dans cet océan la matière se trouve dispersée ou condensée depuis la condition de simple molécule, de particule éparse ou de nébuleuse jusqu'à la condition de corps céleste, comprenant tous les corps secondaires qui les habitent. Il est admis, en un mot, que c'est dans cet océan que baigne la matière en tous ses états.

Cet océan, Messieurs, est très singulier, très remarquable. Il a des caractères inattendus, surprenants. Il n'est pas très difficile de le constater quoique nous ne puissions le surprendre par aucun de nos sens, au moins quand il est au repos. Mais nous pouvons très-bien nous éclairer ici par voie de comparaison et d'élimination successive. Il suffit de procéder jusqu'à la limite du pondérable à l'impondérable, du violent au délicat, du lent au rapide, et de choisir un bon point de départ.

Prenons l'océan des mers, l'océan d'eau salée qui entoure nos continents, qui couvre les deux tiers de notre globe. Cet océan, nous l'observons quelquefois à l'état stable. C'est ce que nous voyons en temps calme dans les petites mers intérieures. Alors les corps qu'on y plonge restent dans la position où on les met, puis, quand le vent s'élève, quand l'orage vient, quand la tempête se produit, la surface liquide se boursoufle, les vagues bondissent et tous les corps qui flottent sont choqués, travaillés, malmenés, par cette eau en mouvement. Le même phénomène se produit dans les grandes mers sous la simple influence des marées. Mais alors les actions sont rhythmées. Eh bien, Messieurs, vous savez que cet océan est pesant et dense, et vous pouvez mesurer le poids de chacun de ses mètres cubes. Mais imaginez que les molécules du liquide s'espacent de telle sorte que le poids et la densité diminuent, qu'ils diminuent infiniment jusqu'à ce que vous n'ayez plus affaire qu'à un océan d'une ténuité telle que vos sens armés des meilleurs instruments se refusent à en constater l'existence à l'état de repos; imaginez en même temps que les ondes et les flots, tout à l'heure répétés en nombres faciles à constater, s'accélèrent dans le nouveau fluide jusqu'à devenir incommensurables par l'observation directe, vous aurez acquis la conception de l'océan cosmique. Vous allez me dire : Mais c'est un mythe, une pure imagination que votre océan cosmique! Non, Messieurs, ce n'est pas une imagination, c'est une réalité; car nous pouvons le connaître par certaines de ses manifestations, et nous pouvons même mesurer l'intensité de ces manifesfations. Cet océan, qui occupe le monde entier, dans lequel nous sommes tous baignés, se nomme *éther*; et, je vous le répète, s'il est impossible de mesurer son poids, de lui reconnaître une densité; si nos sens ne sont pas assez délicats pour nous mener à cette fin, nous constatons très nettement par certains artifices les prodigieux mouvements ondulatoires auxquels il est soumis dans certaines circonstances.

L'océan cosmique est souvent dans un état qui présente quelque analogie avec l'état des mers, lorsqu'elles ont subi l'action des vents ou l'attraction lunaire. Toute son étendue s'emplit de vibrations ondoyantes. Cette agitation se produit toujours dans l'océan cosmique quand une source lumineuse y pénètre. Mais ce qui est merveilleux et ce que les physiciens ont admirablement mesuré, c'est la vitesse avec laquelle l'état vibratoire des ondes se propage. Cette vitesse, qui serait incroyable, si elle n'avait été constatée par des expériences et des calculs certains, est en chiffre rond de 300,000,000 de mètres par seconde. Ainsi l'océan cosmique vibrant n'emploie qu'une seconde pour transmettre ses vibrations à 300,000,000 de mètres de distance, et les ondes produites par ces vibrations sont si nombreuses qu'en énonçant le chiffre de 500 millions de millions on n'exprime qu'en moyenne le nombre des vagues minuscules qui se succèdent en un point de l'espace. Si bien qu'on peut dire que, lorsque l'éther est en mouvement, 500 millions de millions d'ondulations viennent frapper notre œil, pendant chaque seconde.

Voilà l'éther, Messieurs.

Ajoutons ceci : quand l'éther est mis en vibration par une cause lumineuse, on lui donne le nom de *lumière;* l'éther en vibration qui vient frapper notre œil 500 millions de millions de fois par seconde, cet éther vibrant est de la lumière.

Nous ne pouvons pas, je vous l'ai dit, constater l'existence de l'éther par nos sens. Nous ne pouvons pas non plus directement constater l'existence de la lumière par nos sens; la lumière est invisible. Cela semble singulier; mais c'est une vérité. Tyndall l'a démontré d'une manière claire et précise par des expériences que je n'ai ni le temps ni le pouvoir de répéter ici, mais que je puis vous certifier.

La lumière est invisible. Mais alors, si la lumière elle-même est invisible, que voyons-nous dans le monde? Nous voyons la *forme*. Et voici comment. Lorsque la lumière ou l'éther vibrant vient à rencontrer la matière, qui est dispersée dans l'espace, à tous les états, du choc des ondulations lumineuses et des particules matérielles naissent des effets secondaires qui, eux, sont visibles. Ce qui est visible, ce qui est saisissable par l'œil, ce sont les réactions des particules matérielles sur les ondes lumineuses; et ce sont ces réactions qui constituent la forme et qui nous la font percevoir. Aussitôt qu'une source de lumière a mis en mouvement l'éther qui nous touche de tous côtés, les ondes de lumière attaquent incessamment l'infinité de corps et de particules et de molécules ambiants. Elles sont réfléchies de tous les points et dans toutes les directions; en sorte que nous vivons pendant le jour au milieu d'un entrecroisement d'innombrables ondulations réfléchies. L'éther vibrant s'emplit de remous infiniment petits s'entrechoquant et se combinant les uns avec les autres. Quand nous ouvrons les yeux dans un milieu éclairé, ces remous infiniment répétés viennent échouer sur notre rétine, y marquent une empreinte; et nous connaissons les formes qui nous environnent. Quand nous regardons un point éclairé, les ondes lumineuses réfléchies ne voyagent pas tranquillement jusqu'à notre œil. Elles sont incessamment contre-battues et altérées par d'autres ondes lumineuses qui sont le résultat de l'éther vibrant réfléchi à la rencontre de tous les corps environnants. C'est ainsi que le point vu change de valeur et d'intensité formelles suivant la distance et les conditions matérielles du voisinage. Et c'est par là qu'on se rend compte de ce que nous appelons la *forme*, de ses métamorphoses, de ses changements infinis et de cette espèce de suavité vivante que tous les amoureux de la forme découvrent dans la vue de toutes choses.

Ainsi, Messieurs, au point de vue de ses causes, la forme est de l'éther vibrant rompu à la rencontre des corps ; au point de vue de ses effets, la forme est un phénomène immense qui n'est absolument constatable que par l'œil. La forme est inauditive et intangible, insapide et inodore; mais elle est saisie et appréciée par l'œil, de sorte qu'on pourrait dire que la forme est *le monde vu!*

La forme, je vous prie de le remarquer, est un phénomène physique d'une grande netteté et d'une grande simplicité dans son essence; mais l'éther peut être si différemment mis en vibration, la capacité réactive de la matière est si diverse et les combinaisons des réactions voisines sont si nombreuses qu'en réalité la forme est le phénomène le plus complexe qu'on connaisse. Aussi l'architecte, qui doit avoir la préoccupation constante et la passion de la forme, est-il astreint de ce côté à une science et à une justesse de vue extrêmes, s'il veut être capable de constituer des harmonies plastiques dans ses œuvres.

II.

Messieurs, l'architecte n'est pas défini parce que nous avons décrit le champ de son action. La forme étant le champ de son action, que sera l'édifice ? L'édifice sera toujours motivé par un thème qui s'impose, une distribution qui en découle, une forme désirable, une construction nécessaire. Comment dégager l'édifice de ces liens compliqués ? Que va faire l'architecte ? Le thème, c'est-à-dire le programme de l'édifice, est à part. Il faut admettre qu'il est connu, étudié, compris et bien senti. Il reste donc à distribuer les parties qui vont constituer l'œuvre ; et puis à développer ses formes, et à la construire. Voilà, Messieurs, la condition permanente et nécessaire de l'architecte : il a à *distribuer ;* il a à *former;* il a à *construire.*

Quand on examine ces trois conditions, on découvre le secret de la grande difficulté qui se présente toujours devant l'architecte. Ces trois conditions sont absolument contradictoires ; et la tâche de l'architecte consiste à trouver une résultante harmonique entre elles. La preuve qu'elles sont contradictoires, c'est qu'à propos d'édifices projetés, vous rencontrez à chaque instant des personnes qui, n'ayant aucune notion de l'architecture, sont capables de concevoir des distributions très appropriées. Ce sont des amateurs, des gens du monde, des esprits ouverts, méthodiques, habitués à manier avec certitude et logique les données dont ils disposent. Ils ne voient dans un programme que les éléments directement utiles au service, ils les juxtaposent avec une inexorable correction ; toutes les pièces ont les dimensions et les voisinages voulus, et, quand on vous montre cela sur une feuille de papier, vous dites : C'est parfait, — c'est bien cela ! — Seulement, cette perfection est la négation de l'édifice. Celui-ci ne peut se dégager, parce qu'il manque l'étoffe de la construction et l'étoffe de la forme. Et si vous vouliez en trouver la place, il faudrait séparer les différents éléments, agrégés par l'homme intelligent que je viens d'introduire, les combiner à nouveau; en un mot, refaire une distribution. D'un autre côté, vous rencontrez aussi très souvent des ouvrages qui sont admirablement construits au point de vue de la durée, de la résistance, de la stabilité, de l'économie qu'il convient d'assurer en toutes œuvres, et qui restent dépourvus de toutes qualités formelles. On y reconnaît encore la plupart du temps, et comme dans le premier cas, une véritable insuffisance de la matière. Enfin, il n'est pas plus rare de voir des édifices dans lesquels tout est sacrifié aux caresses de la forme, aux amours d'une silhouette, aux entraînements d'un relief et d'y chercher en vain les clartés d'une saine distribution ou les satisfactions d'une assiette bien équilibrée.

Ainsi, distribuer, former, construire, sont trois opérations qui ne convergent pas naturellement. Et cependant, Messieurs, c'est le rôle essentiel de l'architecte de réduire en un tout harmonique ces trois actions isolément rebelles à l'harmonie définitive. Applaudissements.)

Je n'ai fait encore que poser des données. Il faut cependant reconnaître les procédés mêmes auxquels l'architecte recourt pour sortir victorieux de son beau combat.

Eh bien, Messieurs, toute la force de l'architecte est dans sa méthode; car il a une méthode. S'il la suit, il arrive au but. S'il la trahit, il perd son œuvre. Il faut donc la connaître et la posséder. Voici un programme! Aussitôt que l'architecte l'a lu et en a compris la matière, il jette à bas tout ce qui est secondaire; mais il retient les parties majeures ou caractéristiques; et de celles-ci, qu'il assemble, il fait un tout qui se ramasse sur soi-même et qui dégage son unité, non seulement sous le rapport de la destination, mais surtout sous le rapport de la forme.

Il a ainsi conquis l'expression, parce qu'il a exalté les éléments expressifs par le sacrifice des choses secondaires. Il revient alors à ces choses, à la distribution qu'il épure, et à la construction qu'il équilibre. Et il dit à l'une : Tu me demandes un sacrifice, je vais voir si je peux l'accorder; à l'autre : Tu me demandes un sacrifice, je vais voir si je peux l'accorder. Il accorde ce qu'il peut; mais il ne souffre aucune atteinte à l'unité. Du moment qu'il sacrifie l'unité, il entame la condition fondamentale de son œuvre, il compromet la forme et renonce à la beauté. (Applaudissements.)

Cette méthode, qui commence par une formation héroïque, et qui se continue par des repentirs, des abandons, des incertitudes, se termine toujours dans l'apaisement d'une conclusion qu'il faut bien prendre après avoir épuisé les tâtonnements. Cette méthode et le travail supérieur qu'elle impose, c'est ce qui fait que l'architecte est un artiste.

Voilà, Messieurs, l'architecte caractérisé dans sa haute visée et défini dans son action.

III.

Maintenant, qu'est-ce que l'ingénieur? Essayons de le voir. L'architecte est vieux comme le monde; il a passé par toutes les civilisations. Partout il a laissé sa trace : une forme expressive, plus ou moins éloquente suivant le temps. L'ingénieur est un conquérant moderne, à peine né d'hier. On l'a vieilli souvent; parce que son nom est assez vieux ; mais en réalité, l'ingénieur est un acteur récent. Ceux qui lui ont ouvert les voies et préparé sa place, sont les grands savants du XVIIe siècle, les maîtres de la pesanteur, les ordonnateurs de ses lois, les généralisateurs de l'attraction universelle. A l'issue de ces conquêtes, nous étions maîtres des lois du mouvement et nous possédions la notion des forces; et c'est ce que nous ont laissé Galilée, Newton, Leibnitz.

On ne s'en est pas tenu là. Les XVIIIe et XIXe siècles ont aussi leur part dans le développement des grandes acquisitions mécaniques. On leur doit l'application terrestre des lois générales, et la connaissance intime des conditions mécaniques dans lesquelles se trouvent la matière et les corps à la surface du globe. Des esprits considérables, comme Mariotte, d'Alembert, Coulomb, Poncelet, etc., ont étudié de très près les phénomènes qui se produisent dans les corps soumis à des forces. On savait établir avant eux les équations d'équilibre et mesurer les mouvements par rapport aux forces qui les causent. Mais il ne suffit pas, dans nos applications terrestres, de connaître le mouvement des corps quand on les soumet à l'action des forces. Il faut encore savoir définir ce qui se passe dans ces corps quand ils entrent en mouvement ou quand ils sont maintenus en repos par des forces équilibrées. Voici une table posée sur le plancher. J'exerce un effort sur la table. Mais pendant que je m'efforce et que le plancher résiste en bas, je remarque que certains désordres se produisent dans la figure de la table : les planches du dessus se creusent et j'entends les assemblages du cadre qui gémissent. Il y a là des phénomènes locaux particuliers, des défigurations singulièrement compliquées. Ces sortes de désordres se produisent toujours et avec plus ou moins d'intensité dans les édifices et ils tiennent aujourd'hui une grande place dans les préoccupations et dans la science des constructeurs. Il faut être franc ici, Messieurs; c'est l'ingénieur qui est exclusivement l'homme accessible à cette préoccupation et l'homme compétent de cette science. Lui seul a le flair et l'expérience de ces désordres; lui seul sait les prévoir et les mesurer. C'est son problème de prédilection. Etant donné un ensemble quelconque de corps, affectant une figure quelconque, subissant des efforts quelconques, c'est à lui de dire comment ces efforts se transmettent à travers ces corps; c'est à lui de dire les désordres qu'ils y produiront; c'est à lui de dire les précautions qu'il faudra prendre pour qu'ils n'excèdent pas les capacités élastiques de l'œuvre et pour qu'ils n'amendent pas visiblement sa figure. (Applaudissements.)

Cette conquête, Messieurs, c'est celle de l'ingénieur. Cette science, cette solution, il les manie avec une certitude superbe. C'est à elle qu'on a dû de voir, il y a déjà quelque trente ans, s'élever un pont de 140 mètres de longueur sur un bras de mer et des trains pesant 200,000 kilog. le franchir journellement à toute vapeur. C'est à elle qu'est due l'utilisation des prodigieuses résistances du fer et de l'acier. C'est elle qui, bon gré mal gré, a introduit le métal dans nos édifices et lui a fait une place de telle importance que tout s'y est changé. L'étendue des vides est devenue une nécessité ; l'économie de la matière est devenue une condition première. Le problème architectural a été troublé, sinon compromis par la science de l'ingénieur. Est-ce un bien ; est-ce un mal ? C'est un bien et c'est un mal. Mais il n'entre pas dans mon sujet d'examiner ce point. Que l'œuvre architecturale soit momentanément gênée, cela ne fait pas de doute pour les esprits observateurs. Que l'intervention du fer ait considérablement réduit les ressources plastiques de l'architecte, c'est indiscutable. Mais c'est à lui de compenser ces lacunes par d'ingénieux procédés plastiques et par une connaissance plus approfondie de la forme. Revenons à l'ingénieur.

Le problème que l'ingénieur se pose devant un programme est celui-ci : Approprier une construction à une distribution, de telle sorte qu'avec un *minimum de matière il fournisse un maximum de stabilité.* Voilà ce qu'il veut ; rien de plus ! Nous serons tous d'accord ici pour déclarer magnifique et digne de tous applaudissements une semblable opération réussie. Mais enfin, Messieurs, ce n'est pas là de l'architecture. Et je le prouve.

Rappelez-vous ce que fait l'architecte, toujours, toujours, mais toujours, quand il reste à la hauteur de sa mission. Il fait une chose avec trois. D'une distribution, d'une forme et d'une construction, il dégage une expression voulue et sentie. C'est cela qui est son œuvre. Mais chez l'ingénieur, il n'y a plus que deux choses : distribuer et construire. La forme, l'ingénieur ne s'en préoccupe pas; il n'a pas à s'en préoccuper; il ne sait pas ce que c'est; il ne veut pas le savoir.

Dans ces conditions, qu'est-ce que cette œuvre de distribution et de construction? Dans ce dépouillement de la forme volontairement consenti par l'ingénieur, qu'est devenue l'*unité* et l'expression qu'elle enfante? Elle est perdue; car l'unité architecturale sombre quand vous touchez à la triple donnée et à la méthode de l'architecte. Vous ne les rencontrerez jamais dans l'œuvre de l'ingénieur. Vous y trouverez des choses fort respectables, des utilités précieuses, des services rendus éminemment intéressants. Mais vous n'y trouverez pas cette constitution de la forme, cette unité de la forme, cette expression de la forme qui vous conquièrent, qui vous attachent et qui vous élèvent jusqu'à la passion architecturale. (Applaudissements.)

L'ingénieur, Messieurs, procède très-simplement en ses opérations. Il a aussi sa méthode; mais elle est toute différente de celle de l'architecte. Quand il a un programme devant lui, il l'attaque de la façon suivante. Il mesure tout ce qu'on lui demande, et il dessine tout ce qu'il a mesuré. Son mètre fouille partout et sa composition est une adaptation scrupuleuse de mesures ponctuelles. Voilà la distribution faite. Mais il faut construire, économiquement construire. Il suppute savamment les charges, les causes destructives, les menaces de ruine, les alea possibles, et il débite avaricieusement la matière en conséquence. Ces deux opérations terminées, il les marie honnêtement. Et voilà l'édifice correctement achevé.

Cela n'a aucun rapport avec l'œuvre architecturale que j'ai essayé de vous peindre. (Applaudissements.)

IV.

Que résulte-t-il, Messieurs, de l'opposition flagrante des points de vue auxquels se trouvent placés les deux personnels qui gravitent autour des édifices? Il résulte ceci. C'est que, dans le monde des architectes et dans le monde des ingénieurs, si tout le monde ne possède pas l'équité intellectuelle et la connaissance intime du champ limité où l'œuvre architecturale s'applique, du champ limité où l'œuvre de l'ingénieur s'applique, il se produira des déplacements malheureux, des rencontres intempestives, des chocs, des conflits; et, dans ces conflits, de grandes forces seront perdues au détriment des œuvres. C'est bien là le mal et la souffrance qui s'observent aujourd'hui dans l'art des édifices.

Il est nécessaire que le monde de l'architecture et que le monde du génie civil connaissent l'un et l'autre le terrain sur lequel ils doivent travailler afin qu'ils tirent de leurs méthodes respectives les meilleurs résultats. Il y a là une question d'intérêt privé, d'intérêt professionnel et d'intérêt général; et c'est là, Messieurs, que je découvre enfin la nécessité supérieure de définir et de limiter les enseignements.

Quel enseignement faut-il à l'ingénieur pour proportionner ses ressources à la rigueur du savant problème dont il reste comptable? Il lui faut un enseignement qui lui fournisse la connaissance et l'habitude de la science qu'il utilise, un enseignement qui le mette en mesure de supputer correctement, de calculer à point, de déterminer sagement la nature, l'importance, les dimensions des éléments utiles, efficaces, économiques de ses ouvrages. Cet enseignement est très riche. Mais il est net et facile à définir. Il tient tout entier dans la théorie des applications scientifiques.

Pour l'architecte, c'est plus compliqué. Qui s'en étonnerait? — Il faut d'abord soigner et développer l'artiste. Une éducation à outrance et sans limite, la plus longue possible, une éducation d'art est indispensable. Elle s'étendra plus ou moins suivant les possibilités de l'individu. Elle ne sera jamais trop développée. Mais en même temps que cette éducation se poursuit, il faut fournir à l'architecte certaines connaissances qui en feront un constructeur, car il aura à construire. — Ici je touche à un point délicat. Permettez-moi de solliciter votre attention. Quand l'architecte construit, il ne lui est pas permis de ramasser ses préoccupations autour de la résistance, de la stabilité, de la durée de son œuvre. De précieuses considérations les tournent impérieusement vers la forme. Or, cette forme, elle exige la plupart du temps une bien plus grande quantité de matière que celle nécessaire à la résistance, à la durée et à la stabilité. L'architecte est par conséquent un constructeur tout à fait spécial. Son cas est tout différent de celui de l'ingénieur. Au lieu d'approprier des matériaux à une résistance, à une stabilité, à une durée définie il approprie des matériaux à une résistance, à une stabilité et surtout à une forme voulues. Il n'est pas étonnant que l'architecte entende avoir son procédé à lui.

De tout temps l'architecte pratique le même procédé de construction. Au milieu des vifs entraînements de la science moderne, il n'y a pas renoncé, et je l'en loue. J'aime beaucoup les œuvres de l'ingénieur; elles font mon admiration; mais je serais désolé de voir l'architecte se traîner à la remorque des procédés scientifiques de son émule. Comme il y perdrait vite le caractère de son œuvre, de son œuvre si unitaire et si personnelle en suite des licences et des sacrifices, dont il garde le droit en dehors de la science! Du jour où vous ferez de l'architecte un homme qui posera des équations de stabilité ou de résistance pour chacun des éléments de son édifice; de ce jour là, vous n'aurez plus d'architecte : l'artiste sera mort, il restera un ingénieur. (Applaudissements.)

Mais, Messieurs, le procédé de construction de l'architecte est un procédé très connu et très ancien. C'est le procédé empirique. Vous savez ce qu'est l'empirisme. De l'expérience sans théorie. Quand le champ des applications ne se renouvelle pas ou se renouvelle peu, quand l'expérience est nombreuse, l'empirisme est suffisant. Remarquez, Messieurs, que ce sont là généralement les conditions de l'œuvre architecturale, et c'est ce qui explique l'amour et la fidélité de l'architecte pour les procédés empiriques. L'homme qui a un haut sentiment de la forme, qui sait bien que toujours c'est le dernier mot qu'il doit écrire, la suprême impression qu'il doit dégager de son œuvre; celui-là trouve en leur simplicité même la liberté de servir sans distraction son rôle d'artiste et de construire bien dans les conditions normales. Je n'ignore pas que l'architecte rencontrera quelquefois des circonstances exceptionnelles, des données et des conditions inattendues; car tout se renouvelle sous ses yeux; car sans cesse la société évolue. Les édifices nécessaires hier ne sont plus nécessaires aujourd'hui. On veut maintenant des constructions qui, au lieu de s'étoffer de matière, s'enrichissent de vide. Je sais bien qu'il faut, dans ces conditions, approprier les matériaux à des données nouvelles, et que la construction perd sa simplicité. Il n'est pas douteux que, dans ces cas particuliers, la science de l'ingénieur soit une nécessité. Mais aussi, Messieurs, c'est précisément alors qu'intervient l'ingénieur. L'ingénieur est l'homme des édifices nouveaux, l'homme des constructions inconnues la veille, l'homme des expériences hardies et concluantes. C'est quand il a mis sa sanction aux agencements imposés par le temps, quand il les a réduits à l'empirisme, que l'architecte les adopte et les introduit dans ses compositions *formelles*.

Est-ce à dire pourtant, Messieurs, que l'architecte doive ignorer tout à fait la science de l'ingénieur; qu'il doive s'en désintéresser à ce point de n'en connaître ni le sens ni les ressources? Je ne le crois pas; et, tout en évitant d'encombrer son esprit, de distraire ses capacités plastiques, il est à mon avis indispensable d'instruire l'architecte de telle façon qu'il comprenne les problèmes de construction qui se présentent devant le génie civil et qu'il sache en général comment ils se posent et se résolvent. Je veux qu'il reconnaisse dans l'ingénieur un cousin germain et un ami de l'œuvre commune, que tous deux se sentent comme en famille au milieu des édifices, et que, de chez lui, l'architecte puisse voir en gros ce qui se fait chez l'ingénieur son voisin. S'il en était ainsi, l'architecte gagnerait un calme et une sûreté d'action qu'il ne possède pas aujourd'hui. Il aborderait franchement et de front les cas exceptionnels et délicats devant lesquels il hésite et se trouble trop souvent; il saurait, sans rougir, demander aide et appui à celui qui possède mieux que lui l'art de poser une équation de stabilité ou des conditions de résistance. C'est le moment, Messieurs, de vous rappeler le mal de la profession de l'architecte, qui se plaint, non pas à Paris, mais dans toutes les autres parties de la France, de l'intrusion de l'ingénieur civil. Aucun remède n'est comparable à l'instruction que je viens d'indiquer. Rien ne défendra avec plus de certitude et d'efficacité le terrain qu'on occupe légitimement contre les envahissements qui pourraient être tentés par d'autres.

V.

Si nous sommes maintenant d'accord sur ces données, nous pouvons envisager la constitution d'un enseignement approprié aux exigences professionnelles de l'architecte et nous demander quelle en doit être la composition.

Voici, Messieurs, un jeune aspirant à la profession d'architecte. Je lui dois avant toutes choses une éducation artistique. Il ne faut pas l'oublier : il se consacrera, avant toutes choses, à l'étude de la forme.

C'est à elle qu'appartient tout d'abord son temps. Mais cela ne suffit pas. A côté de l'éducation artistique, il faut placer une instruction spéciale. Quelle est-elle ?

Ma première préoccupation, de ce côté, consistera à façonner son esprit à la facile et saine compréhension des problèmes d'architecture qui se poseront un jour devant lui. Je veux le rompre à bien apprécier les programmes de nos édifices, à les connaître avec précision, à en interpréter avec perspicacité toute la portée. Mais je n'ai pas manqué d'observer que nos édifices changent de conditions et de tenues en même temps que les sociétés changent d'habitudes et d'allures. Les programmes sont donc soumis à des variations incessantes, et c'est au milieu de ces variations que l'esprit de l'architecte doit facilement s'orienter. Rien ne l'y préparera aussi efficacement que l'étude des faits généraux qui caractérisent l'évolution sociale. Les grands traits de la science et les grandes lois économiques, c'est-à-dire les ressources positives et les nécessités fatales de l'époque, il doit les connaître. Mais cette étude fût-elle désirable, nécessaire, indispensable, est-il possible d'y astreindre l'architecte sans le dévoyer ? Ne va-t-il pas trouver là une distraction compromettante pour ses études artistiques ? Il est certain, Messieurs, qu'à ce prix les sacrifices imposés dépasseraient de beaucoup les avantages recherchés : aussi l'étude que je propose doit-elle être maniée avec une grande mesure et garder une allure *sui generis*. On se tromperait fort si on imposait à des artistes les longs et minutieux développements qui constituent les cours des écoles des sciences appliquées. Non,

Mais on atteindra le but si on expose avec talent devant eux des tableaux saisissants de l'état de la science. C'est tout un mode d'enseignement à créer, je le sais ; mais il faut le créer. On y arrivera si, au lieu d'emprunter le bagage des autres écoles, on compose exprès pour l'architecte des cours conçus à la manière que l'artiste emploie pour faire ses esquisses, c'est-à-dire en mettant de côté toutes les choses secondaires et en faisant saillir les traits dominants qui caractérisent chacune de ces sciences. Il y a cinq ou six sciences générales qu'il faudrait ainsi faire connaître à l'architecte, si l'on ne veut pas laisser toutes les autres professions mettre le pied sur lui. La mécanique, la physique, la chimie, la géologie, l'histoire naturelle, l'économie politique, ne peuvent plus être ignorées de lui ; j'entends qu'il doit connaître leurs rôles et leurs portées. C'est ainsi et ainsi seulement qu'on arrivera à combler une première lacune qui ne peut être trop déplorée.

Mais il y a autre chose : ce sont les connaissances techniques. Celles-là ne peuvent pas être trop développées ; à une condition, cependant, c'est qu'on emploie la méthode qui convient aux tempéraments d'artistes. Ici, Messieurs, je me surprends à prononcer un mot qui me force à une dernière digression.

Il ne faut pas croire qu'un artiste, un architecte qui, légitimement et conformément à des dons certains que la nature lui a départis, vient s'imposer dans une société, dans un art comme le nôtre, il ne faut pas croire que cet homme n'ait pas un tempérament d'une allure très particulière. N'en doutez pas, ce tempérament comporte des facilités extrêmes d'un côté, et des conditions réfractaires de l'autre. Tous, tant que nous sommes, nous ne connaissons le monde que par nos sens. Nous en sommes les esclaves dans nos explorations du monde extérieur, et, selon qu'ils sont plus ou moins équilibrés, ou qu'ils sont au contraire inégaux dans leurs capacités ou dans leurs acuités, notre intelligence tire de ce champ d'observation des modes d'action, des routines ou des méthodes absolument différentes.

Quand nous avons l'organe de la vue très fin, très sensible à l'endroit des contours, des reliefs ou des couleurs, ce qui entre chez nous du monde extérieur, ce sont les formes, et nous négligeons volontiers tout ce que le sens du toucher pourrait nous faire connaître. Quelquefois ces deux sens sont très éveillés chez un même individu, qui néglige alors volontiers ce qui peut refléter en lui le monde extérieur par l'oreille ou par les autres sens. C'est presque exclusivement par le sens de la vue que l'architecte de tempérament pénètre le monde. Il ne le connaît donc que partiellement, et quand sa nature est excessive, quand toute son activité se concentre dans l'exercice de la vue, nous reconnaissons une de ces natures souvent fort intéressantes, souvent fort puissantes, mais un peu monstrueuses et dont les rapports deviennent difficiles avec les autres hommes. Ce sont de grands musiciens, de grands plasticiens, qui emportent les grands morceaux de la gloire. Mais ils payent ce bien de certaines négations dans leurs aptitudes sociales.

Eh bien, Messieurs, cela étant établi, je dis que si un jeune homme, poussé par ses goûts, aborde une profession aussi nettement accusée que celle de l'architecte, il a certainement un tempérament dans lequel les acquis du sens de la vue dominent les acquis des autres sens. Et j'ajoute qu'il y a beaucoup de chances pour qu'il manque d'équilibre. Je parierais que, quatre fois sur cinq, nous aurons devant nous une nature qui, pour brillante qu'elle soit, manquera de suite dans les déductions relatives aux conquêtes des sens que n'inquiètent pas les formes. C'est un artiste, dira-t-on. Certainement, c'est un artiste; et c'est parce qu'il en a la capacité, parce que toute son énergie s'y confine, qu'il a peine à se disperser dans la logique commune. Ces tempéraments-là sont de ceux qu'il est désirable de voir avant tous autres prendre le chemin des écoles d'architecture; mais il ne faut pas oublier qu'ils sont réfractaires aux procédés de ces autres tempéraments qui font les mécaniciens. Que sont, en effet, les mécaniciens? Ce sont des natures dont le sens du toucher est plus amoureux du monde extérieur que les autres sens. Ce sont les aptitudes nées du sens du toucher qui nous conduisent à faire des comparaisons et des mesures de *vitesse*, à écrire des équations qui relient des vitesses et des chemins parcourus aux forces qui les ont causés. Ces tempéraments-là vont tout droit et facilement à l'équation ou aux conditions d'équilibre. Et alors, dans les écoles d'ingénieurs où la science des constructeurs est développée, où les procédés scientifiques dominent tout l'enseignement, ceux-là sont très heureux.

Mais chez nous, Messieurs, je vois avec peine le courant se porter de ce côté. Je crois que c'est un malheur que l'on répète les paroles trop absolues et les conseils trop sommaires que les circonstances ont placés dans la bouche de quelques observateurs exclusifs. On dit : « Les architectes sont des constructeurs mal habiles. Ils font de grosses fautes parce qu'ils ne savent pas la mécanique ; il faut la leur apprendre. » Et alors on va chercher dans des cours très savants des leçons très développées, que l'on rétrécit à la mesure du temps disponible et que l'on offre à des auditoires sans passion. L'enseignement intégral eût été déjà, dans ces conditions, bien indigeste ; il devient repoussant. Aucun des intéressés ne s'y attache, et ce n'est assurément pas le moyen de conduire l'esprit des jeunes architectes à la connaissance des lois de la mécanique et des conditions de la stabilité.

Il faut, Messieurs, tenter d'autres voies. Si l'on veut réussir à faire au moins apprécier aux architectes les ressources que la mécanique offre au constructeur, ce que je crois suffisant mais indispensable, il faut franchement créer une méthode d'enseignement approprié à l'architecte. Il faut directement utiliser l'immense trésor d'expériences que les mécaniciens, que les physiciens, que tous les savants ont réunies dans ce siècle-ci et qui s'accroît merveilleusement tous les jours. Il faut puiser dans ce riche magasin, l'ouvrir sous les yeux des élèves, en décrire toutes les parties, en raconter tous les rapports, en éclairer toutes les conséquences par des conclusions saisissantes et topiques. C'est par là, bien plus que par des abstractions isolées des faits et des théories complètes, qu'on fixera l'intelligence si facile à buter du jeune architecte. Ce qu'il faut obtenir, en définitive, c'est la ruine des idées fausses que l'ignorance entretient sur le travail mécanique des matériaux dans les organes des constructions. Rien n'y peut mieux aboutir que la connaissance et l'appréciation des expériences qui montrent la nature et la progression des désordres accomplis dans les matériaux qui s'abîment sous les actions des forces. Quoi de plus instructif, par exemple, en ce sens, que les expériences de M. Léger sur les résistances du verre? Quelle leçon fructueuse que le spectacle des réactions qui se localisent et se propagent en dévoilant leurs intensités et leurs directions à mesure que les forces d'attaque se développent! Il y a, Messieurs, un nombre considérable d'expériences de cet ordre qui peuvent être utilement montrées et commentées suivant les lois de la science, et c'est de ce côté qu'il faut chercher l'aliment fondamental de l'enseignement mécanique dans les écoles d'architectes.

Le procédé qu'il faut employer dans tous les enseignements positifs appropriés aux artistes, c'est le procédé des expositions qui frappent l'esprit après l'avoir surpris. C'est l'inverse de celui qui convient aux ingénieurs. De ce côté, vous ne gagneriez guère de terrain en vous efforçant de capter et d'asseoir les convictions par voie d'impression, tandis que vous conduirez certainement au but en suivant les longs développements d'une démonstration correcte et sans lacunes.

Aussi, Messieurs, si vous me permettez de m'élever pendant quelques instants au-dessus des études de l'architecte, et de me placer au point de vue général de l'enseignement de tout le personnel qui coopère à la construction des édifices, je dirai : Il y a aussi des réformes à faire dans les écoles d'ingénieurs. On y fausse les esprits en y entretenant des enseignements fastidieux qui, sous prétexte d'apprendre l'architecture, forcent les jeunes gens à copier des *Ordres*, à reproduire ponctuellement des mesures, des proportions, des rapports géométriques plus ou moins certains et à limiter à cet horizon étroit et tortueux la vue qu'on prétend ouvrir sur le champ d'un grand art. Il est déplorable, Messieurs, de voir présenter l'architecture par un si petit coin et sous un si misérable aspect à un personnel de disciples aussi considérable, aussi instruit, et qui exercera un jour une aussi grande influence dans le pays; il est déplorable de lui montrer l'architecture sous ce jour indigne. On fait ainsi de ces jeunes gens des hommes qui gardent l'idée la plus bizarre et la plus ridicule de l'art le plus considérable; on leur fait pour toujours haïr l'architecture, quand on ne la leur fait pas mépriser.

Je voudrais, au contraire, dire à ces jeunes gens de tempérament scientifique, à ces jeunes savants, je voudrais leur dire : « On vous a fait connaître la *matière* et on vous a familiarisés avec ses propriétés diverses; on vous a fait connaître la *lumière* et on vous a familiarisés avec ses propriétés diverses. C'est bien! Mais apprenez encore ceci : c'est que lorsque vous mettez en action réciproque la matière et la lumière, le phénomène qui se dégage, c'est la Forme. La Forme est sympathique ou repoussante, harmonique ou incohérente. C'est un art considérable que celui qui constitue à volonté l'harmonie de la Forme dans les édifices. Ne croyez pas qu'il y ait ici moins de difficultés que dans les applications de l'art et de la science qui visent des harmonies mécaniques, c'est-à-dire des résistances et des stabilités assurées dans les édifices. Si vous le croyiez, vous commettriez une erreur profonde et vous laisseriez s'implanter dans vos esprits une idée fausse et fatale. Aux talents qui conçoivent des harmonies de formes et des harmonies mécaniques, il faut de longues préparations qui ne se le cèdent en rien. Elles sont différentes, voilà tout. Vous, ingénieur, vous mettez en jeu deux facteurs : la matière et les forces; et, pour cela, vous interrogez la terre et vous surveillez la pesanteur, source des forces avec lesquelles vous avez à compter. C'est ainsi que vous apprenez et que vous faites votre métier. Nous, architectes, nous mettons en jeu deux facteurs : la matière et la lumière; et, pour cela, nous regardons le ciel, source de toutes les lumières qui dégagent les formes dans le monde. Et c'est ainsi que nous apprenons et faisons notre métier. » (Applaudissements.)

Ces digressions, Messieurs, m'ont entraîné très loin. Elles m'ont au moins permis d'insister beaucoup sur la question de méthode, à laquelle, suivant moi, il faut tenir avant tout. C'est de la solidité de la méthode et de sa justesse d'appropriation que dépendra le succès de l'enseignement, dont je signale la lacune. Je ne puis oublier cependant le corps même des études techniques qui doivent remplir une forte préparation d'architecte de profession. Mais, après avoir si longtemps parlé de l'esprit qui doit conduire ces études, il me semble que je n'ai plus qu'à en nommer les parties pour en faire apprécier la nécessité.

Il faudra d'abord compter un cours de *construction* proprement dite; car, enfin, cet architecte qui construit simultanément des formes et des appareils de stabilité, a sa théorie des constructions à lui. Où la trouvera-t-il, si ce n'est dans son école?

Mais à l'appui de ce cours, et pour lui laisser sa franchise d'allure et sa lucidité propre, il faudra trouver à part : 1° certaines *notions d'hygiène;* 2° certaines *applications de physique et de chimie;* 3° un cadre de *législation spéciale;* 4° l'ensemble des procédés de *comptabilité utilisée* dans les constructions.

Dans un autre ordre, enfin, l'*Histoire comparée de l'architecture* et la *Théorie de l'architecture* sont les connaissances dominantes de la profession, et elles ne sauraient être omises.

Je me hâte, Messieurs. Il ne faut pas abuser de votre temps; et c'est l'instant de me résumer. La profession de l'architecte, considérée dans son plein exercice sur toute la surface du territoire et surtout loin de Paris, est une profession en souffrance. Ses intérêts sont menacés. Son champ d'application se rétrécit. L'ingénieur y pénètre depuis longtemps déjà. Il y a lieu de craindre un envahissement. Un pareil évènement serait une calamité pour l'art.

Quand on étudie cette situation, on reconnaît que l'architecte de profession s'est laissé dépasser par les autres professions; qu'il consomme son activité en dehors des progrès sociaux et qu'il ne possède aucun moyen d'instruction pour s'y mêler et s'y rattacher.

Notre Ecole nationale des Beaux-Arts fait des architectes pour l'Etat. Elle entretient à cet effet autour d'elle une jeunesse d'élite qui peut consacrer à ses études d'artiste *six, huit, dix* et même *douze* années. Elle est insuffisante à préparer la foule des architectes de profession, qui reste dépourvue, parce qu'elle ne peut pas donner à son instruction plus de temps que les autres professions n'en donnent, c'est-à-dire trois ou quatre ans. La spécialité et la supériorité du but poursuivi par l'Ecole des Beaux-Arts ne lui permettent pas de s'organiser pour une pareille tâche scolaire.

Une Ecole spécialement affectée à la profession de l'architecte est nécessaire. J'ai dit les conditions multiples auxquelles elle doit satisfaire, la visée qu'elle doit entretenir, les limites qu'elle doit imposer à son intervention, le cadre des connaissances qu'elle doit détenir et les méthodes qu'elle doit appliquer. Laissez-moi, Messieurs, vous prier de reconnaître dans cette exposition les traits mêmes de l'enseignement de l'*Ecole spéciale d'architecture* fondée il y a quatorze ans. Les œuvres de cette nature sont des labeurs de longue haleine. Elles doivent marquer le pas pendant de nombreuses années. Avant de produire leurs fruits, il faut qu'elles gagnent l'attention publique; puis qu'elles se fassent comprendre; puis qu'elles fixent les sympathies; puis qu'elles rompent les habitudes, les inerties; puis encore qu'elles sachent se féliciter quand elles se voient prendre les moyens et les procédés qu'elles ont inaugurés. Leur lot, d'ailleurs, est d'affronter les erreurs, les méprises, les répulsions, les dédains. Leur devoir est de travailler beaucoup et de patienter. Et c'est un jour de détente pour elles, quand elles rencontrent comme aujourd'hui l'occasion d'éveiller une attention aussi bienveillante que la vôtre. Je vous remercie en mon nom, Messieurs, et au nom de mes généreux collaborateurs de l'Ecole spéciale d'architecture. (Applaudissements.)

SAMEDI 24 AOUT 1878.

CONFÉRENCE

SUR

LE MOBILIER

Présidence de M. baron DERSCHAU,

Conseiller d'État et Ingénieur russe.

ALLOCUTION DU PRÉSIDENT

Mesdames, Messieurs,

M. Trélat, directeur de l'Ecole spéciale d'architecture, a bien voulu se charger de nous faire une communication sur le Mobilier. De prime abord, le sujet paraît être un peu sec et ne pas offrir beaucoup de ressources pour un conférencier; mais, connaissant le talent de M. Émile Trélat, je suis sûr qu'il saura nous intéresser et nous instruire tout à la fois.

Quant à moi, qui suis un étranger, ce n'est pas à mon mérite que je dois l'honneur d'être assis au fauteuil de la présidence, c'est à l'amabilité de mon ancien ami de huit jours, M. Émile Trélat, ou plutôt, je le dois à l'hospitalité, à la courtoisie proverbiale de la nation française pour laquelle nous autres Russes nous n'avons cessé d'éprouver les sympathies les plus chaleureuses. (Applaudissements.)

En faisant choix d'un étranger pour présider une conférence éminemment française, on a voulu flatter et encourager tous les étrangers qui sont venus de tous les pays du monde pour admirer la grande et belle Exposition de Paris, et être témoins du progrès scientifique et industriel dont la France leur offre le spectacle.

Les nombreux Congrès et Conférences qui ont eu lieu dans ce palais du Trocadéro, où sont traitées tous les jours tant de questions vitales pour l'humanité, on peut le dire, en sont la preuve palpable.

Il y a quatre jours à peine, à la Sorbonne, j'ai frémi d'aise en entendant le discours de M. le président Frémy (sourires), *et je frémis encore en ce moment, mais d'une émotion toute différente, en me demandant si j'obtiendrai le gracieux suffrage du public d'élite devant lequel j'ai l'honneur de parler.* (Vifs applaudissements.)

Je vous demande pardon d'avoir retardé de quelques instants le plaisir que vous allez avoir d'entendre M. Émile Trélat. Je lui donne la parole.

CONFÉRENCE

Mesdames, Messieurs,

M. le Président vient de vous dire qu'il est mon vieil ami de huit jours, et il a profité de son amitié pour me bien châtier. C'était son droit. J'étais déjà bien troublé devant le gros sujet dont j'ai à vous entretenir ; et maintenant je suis accablé. Je ne l'en remercie pas moins de tout mon cœur, et je ferai appel à mon courage pour traiter de mon mieux ici la vaste question qui, d'après la consigne que j'ai reçue de la deuxième commission des Congrès et Conférences, a pour titre : le *Mobilier*.

Le *mobilier!* Qu'est-ce que le *mobilier?* Et qu'en dire ici? Vous attendez-vous à ce que je vous promène au milieu de ces innombrables séries d'objets qu'on appelle des *meubles?* Est-ce que vous croyez qu'il m'est possible, dans cette heure qui m'est accordée, de vous définir, de vous décrire, de vous peindre même chacun de ces objets qui sont les véritables compagnons immobiles au milieu desquels nous vivons? Je dis compagnons immobiles. N'est-il pas, en effet, singulier, Mesdames, que notre langage oublieux et quelque peu barbare en ce cas ait nommé mobilier toutes ces choses qui contrastent avec le mouvement journalier de notre vie par leur immobilité ?

Nous nous levons le matin, nous quittons notre lit : c'est déjà un meuble; nous préparons notre corps au travail de la journée par ces précautions de toilette qui sont le caractère de notre existence civilisée: nous avons des meubles à notre service; nous nous mettons au travail : nous rencontrons d'autres objets qui sont encore des meubles. Pour nous nourrir, nous nous asseyons à table: c'est un autre meuble. Nous retournons au milieu de nos collections, ce sont des meubles ; nous recevons nos amis au milieu de nos meubles... Quel que soit le trait distinctif de notre activité, nous avons toujours à nos côtés et à notre service des meubles. S'il fallait les nommer tous, je n'en finirais pas tant ils sont variés et nombreux, et je n'apprendrais certainement rien à mes auditrices qui en savent bien plus long que moi à cet égard. Vous me permettrez, Mesdames et Messieurs, de procéder autrement que par nomenclature; vous me permettrez de réduire à deux ou trois excursions la reconnaissance immédiate que nous ferons parmi les meubles. Vous me permettrez ensuite de rechercher, dans la récolte des observations que nous aurons ainsi pu faire, les traits généraux, les caractères précis, les conditions indispensables sous lesquels on reconnaît un vrai mobilier. Ce plan, j'en ai l'espoir, nous fournira, malgré la hâte, l'occasion de dégager de ce sujet encombré quelques idées utiles.

Je vous conduirai d'abord dans la section anglaise de l'Exposition, devant une de ces armoires comme il y en a un certain nombre et qui sont en même temps une commode et un lieu de collection pour nos vêtements. Nous avons là devant nous un objet de quelque importance. Les vigoureux montants qui l'encadrent marquent fièrement sa place dans l'espace. En son milieu, le couronnement plus copieux ressaute en hauteur et se projette en avant sur la saillie d'un abondant motif central. On sent là comme un nœud qui ramasse la vue tout d'abord. Mais bientôt le regard, dégagé sur la droite et la gauche, suit deux longs panneaux qui descendent de plein jet du sommet à la base. Sur ces surfaces grassement modelées, il progresse lentement d'une allure monotone, tandis que, derrière, l'esprit va chercher les longs vêtements suspendus aux portemanteaux. Une armoire à deux vantaux trapus relie dans une gamme commune les deux armoires latérales et s'engage en soubassement dans la saillie centrale de l'œuvre. C'est bien certainement là que la lingerie d'usage courant va se trouver classée. Mais montons nos regards au-dessus de ce soubassement. Qu'est ce riche encorbellement, où les lignes se multiplient, où les compartiments s'avoisinent et se superposent? Qu'est cette miniature d'armoire centrale? Quels sont ces fins tiroirs qui la bordent de chaque côté? N'hésitons pas à caser là le petit linge de main, les broderies, les dentelles et les mille riens complètant la toilette un peu précieuse de la personne qui se servira du meuble. Enfin, au haut et joignant le couronnement qui nous a tant frappés au départ, une vaste cavité coupée par deux piliers nerveux recèle et laisse voir dans ses sombres profondeurs trois potiches éclatantes.

Voilà un meuble ! Que n'ai-je eu le temps de vous décrire la texture du bois, la douce gravité du ton, la sincérité des assemblages, la saisissante discrétion du travail, la mesure et la pondération des reliefs, les touches lumineuses sur les bronzes des poignées et des attaches ; toutes ces choses enfin qui consacrent l'harmonie dans l'attitude d'un objet ? Voilà un meuble ! Je l'ai pris un peu au hasard; pas tout à fait cependant.

N'êtes-vous pas surpris de la quantité des services, de la variété des agencements, du nombre des parties qui entrent dans la composition de cet objet ? Mais aussi n'êtes-vous pas émerveillés qu'en face d'une pareille complexité, votre attention ne se soit éparpillée nulle part ; qu'au contraire elle se soit incessamment réconfortée dans une seule et même impression ? Rappelez-vous, pourtant, que les impressions secondaires ne vous ont pas échappé, qu'elles vous ont successivement atteint. Mais en se succédant, elles s'ajoutaient les unes aux autres, et, loin de se contredire, elles se prêtaient un mutuel appui pour dégager en vous l'impression générale que vous subissiez involontairement. N'est-ce point ainsi que des longues armoires au soubassement central, du soubassement central à l'étage qui s'y pose et à la niche supérieure, votre observation a progressé sans cesse ? — Et pourquoi ? Parce que votre regard a été dès l'abord enfermé dans un cadre bien limité ; parce qu'entre ces frontières mêmes une scène plastique dominante, la cavité noire des potiches, a monté son jeu au maximum de l'action qui devait lui être imposée; et parce que, dans toutes les pérégrinations subséquentes auxquelles il a été entraîné, aucune des rencontres qu'il a faites ne l'a excité au delà de son diapason initial. C'est là, Messieurs, la marque distinctive d'une œuvre d'art. On la nomme *unité*. Un beau meuble ne saurait être dépourvu d'unité. J'avais hâte de vous le signaler.

Si vous le voulez bien, nous allons faire quelques centaines de pas à travers la partie de l'Exposition qui tient la droite, quand on vient du Trocadéro au Champ-de-Mars, et nous arriverons à cette section brillante et instructive qu'on appelle la section japonaise. Ici, je vous arrête devant un objet bien simple. Je serais, à vrai dire, bien embarrassé pour vous placer en face d'un objet compliqué dans l'Exposition de ce peuple qui n'a pour ainsi dire pas de meubles. Voici un écran qui mesure environ un mètre en hauteur sur trois quarts de mètre en largeur. Si nous le regardons ensemble, voici ce que nous découvrons, — laissons momentanément de côté l'attrait, la séduction, et cet intérêt palpitant qui s'exalte en nous à cette vue; faisons une simple description, un procès-verbal de ce que nous avons là devant nous. — Il y a un fond; c'est une surface plane, un peu onduleuse cependant, et toute faite d'écaille blonde mouchetée. Vous savez combien est riche l'écaille mouchetée; quelle variété d'accidents pressés elle met en scène sous les rayons qui l'éclairent. Les moyens employés ici ne sont pas très nombreux, mais ils sont très savants.

Partout où le fond disparaît, il est caché par les objets suivants: il y a au bas un plan d'eau qu'expliquent deux larges feuilles de lotus flottant avec leurs longues queues au milieu de quelques enroulements méandriques. Cette végétation aquatique est faite d'un léger relief de laque d'or. Vous connaissez ce ton magnifique, superbe et si doux du laque d'or. Entre les feuilles se détachent deux boutons de lotus en porcelaine jaunasse. Un peu plus loin, on voit, toujours sur les feuilles, une petite grenouille en porcelaine verdasse. Tout cela s'encombre un peu sur la gauche; tandis qu'à droite de belles tiges saillantes à différents plans vont gaillardement porter au sommet du tableau qu'elles envahissent quatre nouvelles feuilles grassement nourries. Celle du haut à gauche est immense et toute ruisselante d'or. Oh! n'ayez peur. Redescendons un peu vers la droite: Voici le maître de la place. C'est un lotus en pleine floraison. Il est tout fait de porcelaine incrustée. La lumière éclate sur son relief blanc. Cependant pour réintégrer cette note excessive dans le calme général, de petites touches roses sont placées à l'extrémité des pétales tandis qu'une autre fleur jaune neutre commence à s'ouvrir entre les feuilles voisines dont on a pris soin de verdir un peu l'or. Enfin, à la partie centrale du tableau, une patte relevée, l'autre solidement plantée dans l'eau, rêve un philosophe impassible au milieu de cette grande nature; — car c'est une grande nature que ce petit tableau. Ce philosophe au long bec, à la tête engoncée dans ses plumes, est un oiseau dont j'ignore le nom; mais c'est un dessin magistral, un relief superbe, deux ou trois fois monté comme ceux que nous avons déjà vus; et c'est de l'argent massif! Voilà la description; elle est, comme je vous l'ai dit, toute simple et ne comporte aucun artifice oratoire.

Et cependant, quoique nous n'ayons pas l'objet sous les yeux, ne m'est-il pas déjà permis de vous signaler dans cet écran, d'utilité et de construction si élémentaires, l'étonnante variété des moyens mis en jeu pour séduire nos yeux. L'ensemble de ces moyens prend le nom de *couleur*. Il serait difficile d'en rencontrer un plus habile maniement que celui qui vient de vous être présenté. Aussi n'ai-je pas omis de vous le faire connaître. Mais que nous apprend-il? Exactement ce que nous a appris l'armoire anglaise. L'objet nous captive et nous charme, parce que, tout en distrayant notre regard dans une suite d'exercices très divers en l'entraînant sans cesse sur des tons et des valeurs nouvelles, il le conduit sans cesse aussi à la note précise qui domine le centre du tableau. Otez l'oiseau d'argent massif, la composition se désagrège. Otez le lotus de porcelaine blanche, l'œuvre s'interrompt. Otez le moindre rien de cet ensemble, l'œil s'inquiète et se trouble, comme la marche au voisinage du trou qui barre la route. Mais puisque rien de tout cela ne manque à notre écran, reconnaissons en lui cette précieuse *unité*, que je voulais vous faire découvrir et comprendre une seconde fois.

Il faut pourtant insister un peu sur les ressources mises en jeu pour faire de ce petit meuble un admirable tableau. A part les quatre lignes du cadre et quelques menus reliefs jetés çà et là, ce ne sont à vrai dire que quelques couleurs. Mais le cortège des tons et des nuances est si riche que l'objet éblouirait la vue au lieu de la reposer comme il convient à un écran, si l'on n'avait pris une précaution.

Notre écran est un meuble de grand luxe. Les tapisseries, les tentures, les meubles qui l'avoisineront dans l'appartement où il sera placé, seront sûrement très somptueux. Ils parsèmeront son entourage de localités brillantes qui feront concurrence à son éclat dans la partie haute et qui en amortiront la violence. Il n'y a donc rien à craindre de ce côté. Mais il n'en est pas de même au bas. Le sol, qui doit toujours rester la partie calme d'un intérieur, laissera l'œil en suspens entre sa nudité relative et l'opulence des laques. C'est ce qu'on n'a pas manqué de prévenir. Au bas de l'écran, et séparé par une traverse du cadre, se trouve un second panneau formant frise. Il est en laque comme le panneau principal, mais beaucoup plus petit. Vous y retrouvez l'eau, les tiges aquatiques, les feuilles aquatiques. Mais plus de lotus, plus de grenouille, plus d'oiseau philosophe, plus de couleurs éclatantes, plus de reliefs. Tous les effets sont réduits. L'objet est pourtant encore coloré. On y découvre même encore des images effacées de la vie. Entre les méandres des ondes, on distingue à gauche un petit poisson rouge plongeant; à droite, deux poissons gris qui se croisent, l'un descendant, l'autre montant. Mais tout cela s'est éteint dans des tons fanés et sous le glacis uni d'une surface tout à fait plane. Rien ne pourrait vous rendre mieux compte des moyens employés pour produire les effets charmants de cette frise que l'aquarium de notre Exposition. Si vous n'y êtes pas allés, allez-y, je vous en prie. Sous les voûtes sombres de ces galeries souterraines, vous rencontrerez des scènes singulièrement délicates. Le jour ne pénètre là que par les glaces des piscines qui s'ouvrent à droite et à gauche. La lumière n'arrive à vous qu'après avoir voyagé dans la profondeur des eaux. Elle est toute rompue et comme amortie quand elle vous atteint. Les poissons s'assemblent ou se séparent silencieusement derrière les glaces qui enferment leur eau louche. Les attitudes et les gestes se dessinent avec une précision inouïe; les tons et les nuances se rencontrent et s'ajustent avec une douceur incomparable. Il semble que la forme montre là les ressources apaisées de ses brillants concerts. Les Japonais, Mesdames, sont inimitables dans leur habileté à parer leurs ouvrages d'effets analogues à celui-ci. La petite frise de notre écran en est un bel exemple, et c'est ainsi que, dans l'occupation discrète qu'elle fournit au regard, elle le console ou le prépare selon qu'il redescend du beau panneau vers le sol ou qu'il remonte pour en gagner les splendeurs harmonieuses. Voilà le trait concluant de cette fine composition, celui qui en achève le merveilleux attrait. Puis-je croire que cet exposé trop aride vous a permis de saisir le nouvel ordre de difficultés qu'il faut vaincre pour assurer à un meuble son unité, c'est-à-dire son individualité plastique, aussitôt que la couleur y intervient? Laissez-moi l'espérer.

Mesdames, Messieurs, je viens de faire la description de deux meubles différents, et comme le temps me presse, je bornerai là pour le moment la revue des objets si nombreux, si divers et si intéressants qui emplissent les galeries du mobilier à l'Exposition. Et déjà, je veux rechercher devant vous si cette armoire anglaise et cet écran japonais ne recèlent pas en eux les marques qui distinguent le meuble en général. Si j'y parvenais, il me semble suon qeu aurions acquis un fonds de critique qui jetterait un jour direct sur notre question. Considérons donc nos deux objets. Ils sont plus ou moins compliqués dans leur composition, plus ou moins importants par leurs dimensions, plus ou moins utiles ; — qu'importe ! ce sont des meubles. Que découvrons-nous d'abord dans la communauté de leurs traits ? Chacun d'eux a une utilité, qui est sa raison d'être ; — chacun d'eux comporte en sa structure des matériaux voulus, choisis ; — enfin chacun d'eux revêt les marques d'un travail spécial. C'est presque une naïveté d'ajouter que le cas de nos deux meubles est celui de tous les meubles, et que l'utilité, la matière, le travail doivent être appropriés au service à rendre dans un meuble quelconque.

L'utilité, qui confine à la commodité dans tous nos meubles d'usages journaliers, est sans contredit la condition première d'un bon meuble. Aussi combien l'apprécions-nous tous, lorsqu'elle se montre clairement à nous dans un objet mobilier ? N'est-ce point elle qui nous frappait sans cesse dans les minutieux agencements de l'armoire anglaise, dans les rapprochements ingénieux de ces resserres proportionnées aux différents articles de notre toilette ? Et ne la lisons-nous pas immédiatement dans la simple figure que dresse devant nous l'écran japonais ?

Mais ce qui consacre la prépondérance de l'utilité sur les deux autres conditions, c'est qu'elle impose le choix de la matière et la nature du travail qui la spécialisera. Imaginez qu'oubliant le rôle d'une armoire de toilette, le fabricant ait composé la nôtre de fer ou d'acier, comme l'eussent exigé ces petites forteresses rébarbatives, qu'on nomme des coffres-forts, que fussent devenus l'apparence avenante et l'appel au toucher des portes et des tiroirs, qu'il faudra souvent et doucement manœuvrer? Le contentement de l'œil et la confiance de la main qui s'approche eussent certainement disparu pour faire place au trouble et à l'inquiétude qui éloignent. On a donc bien agi quand on a choisi le bois pour construire ce meuble. C'est qu'en effet le bois, qui dans ses nombreuses essences présente des aspects si variés, est de tous les matériaux résistants celui qui s'adapte le mieux au voisinage de l'homme, parce que sa mollesse relative le rend inoffensif à la rencontre inattendue de nos mouvements et parce qu'il est aisé d'en maintenir la température voisine de celle du corps. Ainsi l'utilité prévue de l'armoire a fixé la matière du meuble. — Il en est de même du travail de cette matière, de ce bois. Supposez un instant qu'au lieu de ces douces moulures qui l'agrémentent, on l'ait couvert de rudes reliefs distribuant dans tous les sens leurs âpres saillies, croyez-vous que l'objet ne fût pas devenu insupportable? Je pourrais soumettre notre écran à la même analyse, et j'arriverais devant vous à la même fin. Concluons donc et disons : L'utilité d'un meuble doit être définie. La matière et le travail doivent être appropriés à cette définition.

On peut affirmer, Messieurs, que, dans les limites de nos usages journaliers, tout meuble qui satisfait à cette triple règle est un meuble correct et que toute combinaison mobilière capable d'en porter le critérium est un ouvrage digne d'approbation. Cela suffit aux besoins du plus grand nombre dans notre société; et l'on a vu des époques qui nous ont légué des meubles admirés par les générations successives uniquement parce que l'usage auquel ils étaient réservés avait été justement interprété en même temps qu'une proportion mesurée de matière et de travail en avait nourri l'exécution. Notre moyen âge en témoigne dans une suite de meubles très simples : des escabeaux, des bancs, des chaires, des tables, des coffres, des bahuts, etc.

Mais nous demandons généralement à nos meubles beaucoup plus que des services matériels et palpables. De ces serviteurs passifs qui fixent notre attachement par les commodités qu'ils procurent à notre vie, nous voulons faire des amis qui nous passionnent. Il faut qu'ils ravissent nos regards distraits, qu'ils flattent notre goût, qu'ils le forcent à s'exercer, qu'ils l'enlacent dans d'élégantes attitudes et qu'ils le gagnent aux séductions d'une forme épurée. Aussi lorsqu'on veut avoir un meuble complet, lui demande-t-on d'être une belle forme. — Mais qu'est-ce qu'une belle forme ? — Je n'ai pas la prétention de traiter ici cette énorme question. Mais je vous demande la permission, Mesdames, de lui emprunter quelques termes spéciaux sans lesquels il ne me serait pas possible de poursuivre mon sujet.

La forme laisse distinguer en elle trois éléments constitutifs : la *silhouette*, le *relief*, la *couleur*.

Vous êtes-vous quelquefois trouvés à l'aube naissante dans le fond d'un vallon? En bas, tout reste dans les ténèbres; mais en haut, le ciel s'éclaire lentement et bientôt sur son fond limpide et sans forme se découpe la crête des collines. C'est une silhouette et d'autant plus saisissante qu'on ne voit qu'elle.

Laissez monter le soleil ; le voilà qui dépasse la crête. Aussitôt vous voyez apparaître le monde des reliefs. Sur le flanc du coteau tout à l'heure invisible se répartissent et s'échelonnent les milliers d'accidents qui meublent sa richesse. Et, chose remarquable, à mesure que la scène s'emplit de reliefs, la silhouette perd sa valeur.

Mais si le soleil monte encore, tout ce qu'on voit tressaille et palpite. La lumière éclate sur tout ce qu'elle rencontre. Ses ondes se brisent, rebondissent, s'entrechoquent. L'éther lumineux promène en tous sens d'incommensurables conflits. C'est comme un embrasement général du site. A ce moment les reliefs sont atténués et les silhouettes presque éteintes. C'est la couleur qui règne.

Toute forme garde en son sein une silhouette plus ou moins vive, un relief plus ou moins accentué, une couleur plus ou moins riche ; et tous les artistes ou artisans de la forme ne font pas autre chose que créer, distribuer, proportionner et assembler des silhouettes, des reliefs et des couleurs dans l'espoir de constituer des harmonies *formelles*, c'est-à-dire de belles formes.

Retournons avec ces nobles préoccupations vers notre armoire anglaise et notre écran japonais. La première nous montre une silhouette vigoureuse dans le cadre mouvementé qui l'enceint, un relief étoffé dans l'épaisseur du meuble, dans la saillie des potiches et le moulurage discret des panneaux, enfin une couleur subordonnée dans la tonalité grave de l'ensemble. Ce qui domine au contraire dans l'écran, c'est la diversité des touches colorantes employées à constituer la richesse générale, c'est la modération du relief et c'est l'effacement relatif de la silhouette d'encadrement contrebattue d'ailleurs par un silhouettage secondaire dispersé dans le tableau.

J'ai essayé de vous montrer les moyens qu'il faut mettre en jeu pour constituer un meuble quand on n'envisage que ses convenances utilitaires. Puis, je me suis efforcé de vous peindre ceux qui deviennent nécessaires aussitôt qu'on veut en faire un objet de valeur plastique. C'est ainsi que j'ai voulu classer vos préoccupations d'abord sous les mots de : service, matière et travail; ensuite sous ceux de : silhouette, relief et couleur. Je n'hésite pas à croire que vos esprits sont déjà très perplexes et que vous vous demandez comment il se peut faire que tant de considérations, et si différentes, puissent être menées de front et résumées dans cette unité d'expression dont je vous ai marqué l'impérieuse nécessité. Je me garderai bien de contredire à votre anxiété. Elle est absolument correcte. Il est, à parler vrai, très difficile d'établir un bon meuble et d'en faire un objet d'art. Il y faut des qualités supérieures, le bon sens, l'expérience, le savoir, l'habileté, un grand amour de la forme, une sagesse à toute épreuve et beaucoup de talent.

Mais je n'oublie pas, Messieurs, que le mobilier fait le sujet de cette conférence. Je ne vous ai encore parlé que du meuble; il faut élargir notre horizon. Il faut considérer un appartement, une pièce au moins, et nous demander s'il y a encore ici quelque direction à suivre, quelques principes à respecter pour en constituer avec succès l'ameublement. Ne croyez pas qu'il suffirait d'y faire apporter par un commissionnaire, et à la mesure de l'espace disponible, les meubles que votre goût aurait choisis dans les magasins d'un ébéniste ou d'un tapissier. Non assurément ; et soyez certain que, quelle que fût la valeur de chacune de vos acquisitions, vous n'aboutiriez à aucun résultat par un pareil procédé. Je voudrais m'expliquer clairement sur cette question délicate ; et pour cela j'ai besoin de vous ramener encore une fois dans nos galeries.

Nous voici maintenant dans la section française, vers l'avenue Rapp. L'installation que je vous présente est le coin remarquable d'une grande pièce qui ferait partie d'appartements somptueux. Nous sommes dans une espèce de salon privilégié, où la femme de goût et d'habitudes délicates qui les habite prendrait plaisir à se retirer solitairement à certaines heures du jour. Comme l'espace manquait à l'Exposition, on n'a, je le répète, montré ici qu'une portion, un quart environ du somptueux retiro supposé; mais c'en est évidemment le morceau capital. La portion absente de la pièce serait, on le devine, d'autant plus calme en sa richesse qu'ici tout s'est donné rendez-vous pour attiser le goût. Un mot suffit à décrire l'installation mobilière : c'est au repos que le lieu est consacré; on y a placé un lit de repos. Mais ce lit est accompagné de meubles secondaires : un guéridon, un tabouret, un chevalet avec portrait d'enfant, un trépied jardinière, un fût de colonne portant une statuette. Tous ces objets, disposés pour caresser les goûts et les préférences de la maîtresse de l'endroit, sont placés, habillés, accompagnés, colorés de façon à constituer un ensemble que rehaussent dans son expression les abondantes draperies qui l'abritent. On ne peut échapper à la note saisissante de cette scène quand on la rencontre. Je ne puis me dispenser de vous indiquer une à une les ingénieuses ressources qui y ont été employées.

Je décris d'abord la pièce. Les lambris qui recouvrent la partie inférieure des murs et la corniche qui les couronne sont revêtus d'un ton de brêche violette dans les nuds et rehaussés en bronze d'or sur les moulures sculptées. Au-dessus des portes et de leurs chambranles on a placé des sujets de fantaisie traités en peinture. Le plafond est enrichi de compartiments finement ornés dans un ton de violet mauve. Les murs sont tendus de lampas d'une nuance très cherchée entre la turquoise, l'émeraude et le saphir. Les portières sont composées de deux rideaux croisés; celui de dessus est en lampas comme le fond de la pièce, celui de dessous est en satin Rembrandt. Enfin le parquet est recouvert d'un tapis de savonnerie uni, couleur amaranthe sourde.

C'est dans un coin de la pièce ainsi préparée qu'on a installé le lit et ses riches accessoires. Parlons du lit. Il est vaste, sans fond de pied, et solidement planté au dossier de tête sur deux grandes volutes soutenues par des chérubins à pied de gaîne. Ce motif est doré en plein. Le reste du meuble est entièrement garni. Il est recouvert d'un satin uni à chaîne blanche et trame rosée, tendu à l'envers. Le dessus et les côtés du coussin de repos sont lisses et encadrés de plate-bandes en faille brodée. La même faille se chiffonne et descend en larges plis festonnés jusqu'au sol. Au dossier s'appuie un large coussin de tête. Il est recouvert de satin brodé vers les rives. C'est la même étoffe qu'au siège; mais ici elle est tournée à l'endroit. Un jeté de lit s'éparpille et pend négligemment au pied du meuble en découvrant la tête bouffie d'un riche traversin. Mais c'est encore la même étoffe énorme d'applications et de broderies variées.

Ce meuble d'une fraîcheur si soyeuse et si délicate est placé dans l'angle du salon. Mais on a pris soin de le détacher des murs ; on a même ménagé sur le long pan du lit une véritable ruelle.

Je continue ma description, et cela est bien nécessaire, car on s'est bien gardé de laisser le précieux objet dans le voisinage immédiat des tentures plates et des grandes menuiseries. Perdu dans l'espace, envahi par la lumière, dépourvu de reflets aménagés et de tonalités reposantes, il y eut fait pauvre mine.

Une vaste tente couvre et embrasse l'espace opulent mais mesuré que commande le repos. Elle s'attache au plafond, se ferme sur les côtés jusqu'au fond, et relève amplement en avant les plis de ses étoffes abondantes, ce qui l'ouvre en plein sur le salon. Le corps de la tente est une peluche de même couleur que la tenture des murs ; mais la profondeur du tissu et l'ampleur des plis en triplent la valeur tonale et lui donnent une vigueur étonnante. Les claires soieries du lit tirent un éclat singulier de cet emmaillotage saisissant.

Cependant cet effet serait resté brutal. Il importait, d'ailleurs, de grandir l'installation en faisant l'unité entre le lit et la tente. C'est ici qu'intervient une suite de procédés très fins et très savants. D'abord l'étoffe de la tente est doublée en taffetas bleu et accompagné d'une seconde doublure libre en soie couleur vieil or. De place en place, les retroussés croisent ces tons clairs avec les draperies sombres, en rabattent la puissance et préparent doucement la vue aux notes éclatantes du lit. D'un autre côté, celui-ci perdrait sa valeur au centre du grand développement de la tente, qui paraîtrait être l'objet principal. Il fallait le prévoir et développer l'intérêt autour du lit. On y est parvenu à l'aide d'accessoires habilement répartis. Au-dessus du lit et en contrebas de la tente, on a placé un velum en satin gris perle, nacré blanc et garni d'applications en tons mates. Au fond du velum, on aperçoit une tapisserie de haute lisse tendue sur le mur. Elle s'encadre dans du taffetas tramé jaunâtre et chaîné rose dahlia. Ses teintes rompues marient le lit et le velum dans un ensemble déjà singulièrement agrandi. Cependant la blanche gaieté du repos s'éparpille aux alentours dans les petits meubles. Dans la ruelle, à la tête et au pied de la couche, on voit dépasser un trépied jardinière en vieil argent et une colonne en marbre noir antique veiné blanc avec un chapiteau de Paros portant une statuette d'or. Sur le devant, un guéridon bas tient la tête du lit et repose ses pieds de vieil argent sur une peau de tigre royal étendue elle-même sur une mousse de laine et d'or. Vers les pieds et débordant un peu la tente, on rencontre encore deux objets : un tabouret en bois sculpté et doré avec coussin recouvert de satin amaranthe brodé ton or; un chevalet en buis portant un portrait d'enfant à cadre ovale doré. Une écharpe en velours de soie amaranthe traverse négligemment le chevalet et marque d'une chaude couleur la fin du territoire consacré au repos; tandis qu'à l'autre extrémité, un grand vase d'onyx orné de bronze doré et contenant une belle plante exotique pénètre déjà dans l'ornementation générale de la pièce.

Mais j'oubliais un point capital ! Reportons notre regard au centre de l'installation. Cela nous est facile : tout l'y ramène, et tout y est disposé pour cela. Cependant il semble que quelque chose cloche du côté de la tête du lit. Les croisements des étoffes et des doublures de la tente y rompent dans leurs jets incertains la discrète silhouette du meuble. L'œil la perd et se trouble. Mais suspendons derrière le dossier cette étoffe qui fera comme un manteau de tête au lit. C'est un drap sans apprêt et teint de la même nuance que le satin de la couche. Ah ! maintenant tout est en place, tout se tient bien, tout s'éclaire à sa mesure et nous avons vraiment devant les yeux une des meilleures leçons que je puisse vous offrir pour vous faire comprendre, apprécier les grandes difficultés de la composition d'un mobilier, et comment les règles qui la guident sont les mêmes que celles qui nous ont été déjà dévoilées dans l'étude du meuble. Je ne puis m'étendre plus longuement ici. Mais allez à l'avenue Rapp et vous serez saisis de l'unité de la scène. Si vous observez bien, vous découvrirez en outre que ce résultat précieux a été obtenu en atténuant presque jusqu'à les éteindre les silhouettes des nombreuses parties de la composition, en mesurant les reliefs et en mettant en lutte, pour les équilibrer, les plus vibrantes ressources de la couleur. Tout cela vient confirmer ce que nous avons déjà entrevu ; et il me semble que nous pouvons nous arrêter ici dans la reconnaissance théorique que nous avons entreprise. Nous saurons désormais ce qu'il faut entendre sous les mots : ***beau meuble***, ***beau mobilier***, et c'est, à vrai dire, le but que je poursuivais dans ces minutieuses descriptions que vous avez si généreusement écoutées.

II.

Permettez-moi maintenant, Mesdames et Messieurs, de rechercher devant vous, mais sans faire aucune personnalité, sans désigner personne, quelles sont les tendances de notre art, de notre fabrication; en un mot quelles sont les conditions actuelles de notre mobilier. Je me propose de borner cet examen aux ouvrages de la France. Devant les amis de tous les pays qui ont bien voulu honorer mon bureau de leur présence, à la pensée des hôtes sympathiques qui nous entourent partout dans cette Exposition, je ne me sentirais pas à l'aise si je sortais de France; car l'étude que je tente est une étude critique, et je serai probablement amené quelquefois à dire que le chemin suivi n'est pas toujours celui qu'il faudrait suivre. Restons donc en France. Quand on y regarde nos meubles, on est d'abord frappé d'une chose très consolante, c'est le grand progrès qui s'est opéré depuis une quinzaine et même depuis une dizaine d'années dans la fabrication courante des meubles. Evidemment on a abandonné une habitude détestable et bien fatigante pour les personnes qui ont le goût quelque peu exercé; on a laissé de côté une bonne partie de ce fatras d'ornementation exubérante et bizarre qui n'avait d'autre but que de montrer du travail, qui ne procédait en rien des nécessités de la composition et qui, ne ménageant à l'œil aucun repos, faisait de tous les meubles des sujets de trouble pour l'esprit et de supplice dans l'usage. On était là en pleine maladie et bien grave. Je suis heureux de constater qu'aujourd'hui on a fait de grands pas vers la guérison. Sans doute le mal n'a pas disparu, mais le progrès est considérable. On le rencontre partout, jusqu'en ce lieu de production qui a toujours fabriqué en songeant à la quantité plus qu'à autre chose. J'ai nommé le faubourg Saint-Antoine. Cependant, après avoir signalé ces tendances à la correction, cette retenue louable en face d'un défaut, il faut que nous découvrions ici d'autres déviations qui, malheureusement, ne paraissent pas être encore en voie de décroissance.

Il y a quarante ou cinquante ans, nous n'étions pas bien brillants sous le rapport de la composition et même de la construction du meuble. C'était le temps des lits en acajou plaqué; et quelles formes!!! — On s'est fatigué de cela; et, tout d'un coup, sous l'influence d'une grande évolution intellectuelle, évolution formidable, un peu désordonnée, mais si jeune et si pleine d'entrain! sous l'influence du *romantisme*, on est retourné vers les cathédrales qu'on restaurait, vers le moyen âge qui revivait dans les romans. On a introduit le meuble moyen âge; on s'est mis à faire des meubles en bois sculpté, un peu sans savoir ce qu'on faisait. Comme on ignorait à peu près absolument ce qu'on voulait reproduire, et qu'on manquait de modèles, on se mit à copier des descriptions littéraires, ce qui revenait à copier sans savoir. C'est une époque qui s'est efforcée de sortir d'une mauvaise routine, ce qui est louable, mais qui n'a produit que d'affreux meubles et qui a engendré la passion de la copie, ce qui est un mal. Depuis, le courant de la copie a persisté; on a étudié; on a su ce qu'on voulait faire et ce qu'on faisait; on a fait des copies très soignées, des meubles très bien façonnés, mais qui restent, hélas! des ouvrages très médiocres. C'est le châtiment de la copie. La copie, permettez-moi de le dire, est toujours bête. Quel que soit l'esprit de ceux qui en font, quels que soient leur savoir et leur conscience, ils échouent toujours à la même impasse. Je sens très bien qu'il faut s'expliquer. Je le ferai franchement. Notre temps est très riche en documents historiques. Il possède la connaissance intime des formes dans les arts du passé. Il sait très bien, par exemple, ce qu'était un meuble du XIIIe, du XIVe, du XVe, du XVIe siècle. C'est un avantage que n'avait pas le fabricant de meubles il y a quarante ans. Eh bien, malgré cela, que fait-on aujourd'hui? On compose bien, on exécute avec soin, on fait de bons assemblages, on ajuste des motifs, on agence correctement des figures, on découpe convenablement une feuille, une brindille, un fruit. Mais, au milieu de ces réelles habiletés, on prend le goût des minuties, on perd celui des nuances harmoniques; on se passionne pour la précision géométrique du détail, on devient insensible aux accords de l'ensemble. Dans un vieux meuble de valeur, il n'y a pas que le mérite de la composition et de l'exécution qui lui donne son caractère. On y discerne partout la touche de la main qui semble avoir embrassé le meuble sous la même caresse. Elle se montre aux ressauts de l'outil. La fibre un peu plus dure, le défaut du bois ont dévié la gouge ou le ciseau, et la trace est restée, trace chère aux artistes, trace qui grandit l'œuvre dans son unité et qui transmet aux générations comme un témoignage vibrant de son éclosion. Mais aujourd'hui, ce n'est pas cela. A force de soins dans le détail, le goût s'est fait méticuleux. L'amour de la netteté l'emporte sur tout. Aussitôt que la main du sculpteur a quitté le meuble, on prend une râpe, du papier de verre; on enlève les aspérités et l'on polit toutes les surfaces, si bien qu'il ne reste plus rien du faire artistique et que l'objet perd son allure. Comme cela ne fait le compte de personne, on essaye de lui refaire une mine et on le recouvre de vilaines patines, on l'empâte de mauvaises couleurs. Mais on n'a plus devant soi qu'un objet sans éclat et dépourvu d'expression.

Voilà où conduit l'habileté de copier. Sans doute on peut copier, sans doute il faut quelquefois copier; mais il ne faut en prendre ni l'habitude, ni l'habileté exclusive. « Inventer ou périr, » a dit Michelet, en parlant de l'art français. Le mot est très juste et s'applique ici. Un temps est malade lorsqu'il copie même dans son mobilier. S'il s'adonne à la copie, il perd l'amour de l'idée, et bientôt la dédaigne; il ne s'enquiert plus de la raison des choses; le hasard guide ses conceptions; il n'a plus que des amours abaissés de la forme qu'il malmène jusqu'à l'insignifiance ou la niaiserie. Heureux encore quand il s'arrête à polir proprement des surfaces au lieu de chercher virilement l'expression de l'objet qu'elles enveloppent.

Voici, Messieurs, un autre travers qui persiste un peu partout, et qui a bien sa gravité, quoiqu'il puisse en partie s'excuser par l'histoire. Je veux parler de la manie de contrefaire l'architecture monumentale avec des meubles. Un meuble est bien à vrai dire de l'architecture; mais c'est de l'architecture de chambre. Celle-ci a ses procédés à elle, procédés qui ne peuvent pas être confondus avec ceux de l'architecture de plein air et de grande reculée. Les meubles sont des petits édifices; ce ne sont pas des édifices en petit. C'est une faute d'en vouloir faire des monuments réduits.

Malheureusement, la Renaissance, qui a le mérite incomparable d'avoir retrouvé l'antiquité, la Renaissance s'est jetée tout entière dans l'antiquité. Elle a voulu, bien que ce qu'elle retrouva ne fût pas encore l'antiquité réelle, elle a voulu introduire dans tout la marque de sa belle découverte. Tous les meubles, à ce moment-là, sont devenus de petits édifices composés avec les éléments réduits des monuments anciens. On y retrouve le soubassement du temple antique, les ordres, les colonnes, les chapiteaux, les architraves, les frises, les corniches. Cela n'a pas suffi; et comme si ces moyens de la grande plastique n'étaient pas encore proportionnés à nos meubles, on est allé jusqu'à les encombrer des saillies et des contre-profilages si excessifs que la Renaissance a inventés. On est ainsi arrivé, il est vrai, à constituer des chefs-d'œuvre de travail, et presque des bijoux, car on y a accumulé les matières les plus riches et les plus précieuses : l'or, l'argent, l'ivoire, les pierres fines, etc. Mais, dans ces œuvres-là, ce qui disparaît, ce qui est sacrifié absolument, c'est la première qualité du meuble, celle que j'ai essayé de vous décrire au commencement de la séance. Sous ces habillements trompeurs, où découvrir le vrai sens de l'objet? Où discerner le service qu'il est appelé à rendre? Où sont les complaisances de formes qui m'invitent à tirer parti de ses commodités. L'esprit s'y perd. Voici un cabinet, c'est le nom qu'on donne à quelques-uns de ces meubles. Je n'ai guère envie vraiment d'aller faufiler mes doigts à travers les fortes saillies des colonnes et les contre-profils tranchants des corniches pour joindre la boucle minuscule d'un mince tiroir. Non, je ne trouve pas là cette qualité du meuble qui me le fait aimer à titre de serviteur.

Mais oublions un instant ces agréments intimes. Avons-nous au moins sous les yeux une forme irréprochable, un de ces agencements plastiques qui luttent victorieusement avec la lumière? Non; tous ces reliefs architecturaux ont perdu leur fécondité plastique en perdant leurs dimensions originelles. En se réduisant à des miniatures, les lumières et les ombres ont ruiné leurs ajustements et la scène s'est ternie dans un encombrement vague et mesquin. Mais alors il n'y a plus de meuble, direz-vous? C'est, en effet, ainsi qu'il faut conclure, si nous entendons par meuble l'objet complexe et très défini que je vous ai décrit. Mais les objets qui nous occupent peuvent être considérés à un autre point de vue. D'abord, les riches matières qu'on y incruste compensent dans une certaine mesure l'insignifiance de la forme par l'éclat des couleurs. Ensuite, la finesse de la main d'œuvre qu'on y accumule leur donne un prix tout spécial. Ils deviennent ainsi en même temps des objets de grande bijouterie et des chefs-d'œuvre précieux. C'est à ce double titre qu'ils se font une place dans nos collections mobilières. Vous voyez combien cette place est restreinte, et vous m'accorderez, Mesdames, que nos meubles n'auraient qu'à perdre si les réductions de l'architecture monumentale devaient les envahir, comme ils en ont été quelquefois menacés.

Voulez-vous connaître une troisième déviation, ou plutôt une insuffisance dans l'art et la fabrication des meubles ? Je la signale dans l'incohérence des compositions. C'est un défaut trop fréquent. Voici ce qui se passe dans le grand conflit de la production du meuble. Le fabricant est en même temps un industriel et un commerçant. Il est soumis de ce fait à des exigences qui absorbent tout son temps. A peine lui en reste-t-il assez pour entretenir des rapports avec sa clientèle. Mais il faut agencer les meubles, les composer. Pour cela, il est forcé de se faire suppléer. Il prend un dessinateur. Et comme, en définitive, notre société est riche, qu'on consomme beaucoup de meubles, il existe, en effet, une profession de dessinateur de meubles. Dans sa spécialité, le dessinateur est compétent; plus compétent que beaucoup de patrons. Il apporte une grande facilité de dessin, beaucoup d'habileté; il a des cartons pleins de documents rassemblés sur les quais ou dans les ventes. Mais, presque toujours, l'instruction générale lui manque, en même temps que la connaissance intime du meuble à faire lui échappe. C'est un homme d'arrière-plan qui ne voit pas le client, qui ne va pas à la source de son sujet, et qui en ignore le sens exact. Quand il s'agit de faire un meuble nouveau, il reçoit de son patron quelques indications vagues, il fouille dans ses cartons, il en tire les motifs qui lui paraissent appropriés à la circonstance et il les assemble, sacrifiant tout aux nécessités des ajustements. C'est souvent fort habile. Mais l'utilité du meuble, la mesure de son rôle, l'importance de sa forme, la volonté de réduire tout cela à l'unité plastique, aucune de ces préoccupations ne hante son esprit. Il en résulte qu'un grand nombre des compositions que nous voyons tous les jours manquent de caractère et de signification. Je désire ne pas vous tromper, mais je vous affirme que si les habiles dessinateurs de nos meubles en devenaient les véritables compositeurs, c'est-à-dire s'ils étaient directement mêlés à la connaissance profonde de leurs programmes, nous n'aurions pas à regretter tant d'enchevêtrements de style, tant de défauts de couleur ou de mesure et tant d'abus dans l'emploi des ferrures. Ces ferrures discrètement maniées sont de mise parfaite dans le mobilier. Mais on abîme un meuble quand on l'encombre de plaques de garde, de gâches, d'équerres, de charnières, de pentures, etc.; et surtout quand on couvre tous ces ferrements d'argent ou de nickel jusqu'à nous en briser la vue.

Il ne faut pas voir dans les défauts que je viens de signaler la marque d'une décadence de notre mobilier. Tant s'en faut. J'ai commencé par en constater les progrès. Mais c'est justement parce que ces progrès sont réels et très accusés qu'il importe de découvrir ceux qui restent à réaliser, au moins dans le courant journalier de la fabrication.

III.

Mais, Messieurs, ce n'est pas par cette critique, quelque amicale et quelque sincère qu'elle ait voulu se montrer, que je puis clore cette étude. Je ne vous ai encore parlé ni des conditions au milieu desquelles se développe le mobilier, ni des circonstances qui influent sur son développement lorsqu'on le considère dans un grand espace de temps. La question est importante et je ne puis l'omettre. Le mobilier évolue sans cesse dans ses formes, dans ses allures, dans ses prétentions ou dans sa modestie ; il évolue sans cesse sous des causes diverses, qu'on peut ramener à trois. La première, c'est ce que j'appellerai la personnalité ; la seconde est la mode ; la troisième, l'industrie. Les deux premières sont générales et permanentes. Elles existent dans tous les temps, chez tous les peuples. Elles ont toujours existé et elles existeront toujours. La troisième est essentiellement moderne ; elle gardera probablement toujours une certaine influence sur le mobilier. Celle qu'elle a prise en notre temps est énorme.

Pour comprendre comment le mobilier subit l'influence de la personnalité des individus, il faut se rappeler que nos meubles sont des serviteurs de nos besoins. Mais prenons garde ! Nos besoins sont de deux ordres. Les plus pressés de beaucoup nous sont imposés par les conditions sociales, par la nécessité où nous sommes de participer aux habitudes communes, par l'éducation générale. C'est ainsi que, dans un même pays, nous avons besoin de nous faire des maisons, des vêtements, des mobiliers à peu près semblables. Je n'entends pas en ce moment m'occuper de ces grandes nécessités sociales. Mais, au milieu des besoins communs, chacun de nous intercale, comme il peut, la satisfaction des exigences de son tempérament. Il tourne à son profit et selon la liberté dont il dispose, la coutume et les choses qui en dépendent. Son logement, ses habits, ses meubles, s'établissent à sa convenance et à sa mesure, tout en respectant l'ordre général, et l'on voit ainsi l'originalité des individus percer et mettre sa marque dans tous les objets de la vie. Le mobilier est donc soumis, comme toutes choses, à une espèce de tiraillement incessant et qui s'opère en tous sens, tout le monde l'exerçant.

Dans les sociétés qui n'ont ni étendue, ni richesse, ni libertés, ces modificateurs agissent mollement, parce que la vie rude et invariable pour tous ne laisse à presque personne le temps de sortir de l'uniformité commune. Mais dans les grandes agglomérations civilisées, où l'activité s'ordonne, chacun se fait sa part de repos, et les goûts personnels prennent leur cours, parce que le goût est la vertu du repos, comme le travail est la vertu de l'action. Les loisirs s'emplissent de fantaisies, et le goût les ordonne. Et voilà comment, tout en réservant les coutumes et les formes générales, celui-ci se loge à sa façon, celui-là s'habille à la sienne, cet autre se fait des meubles à lui. Un homme de goût marque ainsi dans son mobilier ses besoins, ses habitudes, ses tendances et jusqu'à la tournure de ses pensées. Ce n'est pas tant qu'il ait des meubles autres que ceux de tout le monde; les siens s'adaptent à sa manière de vivre par leurs mesures, leurs matériaux, leur degré de richesse et mille combinaisons de circonstances qui en font sa chose. L'originalité personnelle joue donc un rôle dans la composition et dans les formes de nos meubles. Il y a donc là une influence particulière qui dépend de la capacité des personnes. Si un temps n'est pas rompu sous une discipline absolue qui soumet strictement tout le monde aux mêmes habitudes, les individualités se montrent partout, et l'individu marque son action sur toutes choses et sur le mobilier en particulier. Il faut apprécier la portée de ces innombrables petites causes si l'on veut se rendre compte de la variabilité des formes dans les meubles.

La seconde cause générale, dont nous devons connaître l'influence, c'est la *mode*. On n'entrevoit d'abord sous ce mot vague rien de bien défini. Et cependant il est probable qu'aucune action n'égale celle de la mode sur les changements de tenues de nos mobiliers. Je voudrais essayer de vous le montrer.

Il n'est pas nécessaire de réfléchir beaucoup pour constater deux choses : la première, c'est que nous subissons tous la réaction des courants sociaux au milieu desquels nous vivons; que les idées et les goûts dominants nous enlacent. La seconde, c'est que ces courants sont le résultat de nos activités individuelles. Mais la mode, qui n'est pas autre chose que le courant du goût, est changeante. Ne serait-ce pas que les goûts des personnes changent eux-mêmes ? Il est aisé de se rendre compte qu'il en est, en effet, ainsi. Le phénomène est pourtant complexe. Remarquons d'abord que l'homme se fatigue de tout, même de ses habitudes. Est-ce que nous n'observons pas, à chaque instant, dans la vie d'un homme des habitudes qui s'usent et qui sont remplacées par d'autres habitudes? C'est un résultat de la fatigue. La même chose s'observe dans la collectivité sociale : certaines habitudes qui paraissent fixes changent. Est-ce que vous ne vous rappelez pas, Mesdames et Messieurs, — quelques-uns d'entre vous au moins peuvent le faire, — que, il y a quarante ans, on dînait à cinq heures? Aujourd'hui, on dîne à huit heures; ni vous ni moi, nous n'y pouvons rien. Il en est de même de bien d'autres choses. Pendant un temps, on aime les meubles à formes rectilignes. Les années passent, et le goût général s'est porté sur les formes ondulées.

Remarquons encore d'autres choses.

Croyez-vous que la science, qui introduit journellement dans les cerveaux de nouvelles idées, n'agit pas sur nos préoccupations journalières et n'en change pas le cours habituel? Croyez-vous qu'elle n'y développe pas des exigences inconnues hier?

Et, à côté du savant, il y a le monde des arts. Croyez-vous qu'il ne vous pousse pas aussi, celui-là; qu'il n'influe pas sur la tournure de vos sentiments? Prenons le peintre; restreignons-nous encore et ne considérons que le paysagiste. L'artiste qui s'en va peindre dans la forêt de Fontainebleau, puis en Italie, puis en Espagne, puis en Orient, et qui rapporte des impressions peintes que la foule interroge, admire ou couvre d'or, croyez-vous qu'il n'intercale pas dans votre existence des facteurs qui commencent par y prendre la place de simples curiosités et qui deviennent successivement des conseils, des guides et des tyrans?

Mais, Messieurs, il faut dire mieux que cela. Il faut dire que tout ce qui participe à l'échange des idées et des sentiments parmi les hommes, modifie leurs rapports et la politique de leur existence. Notre goût est incessamment tributaire de toutes les activités intellectuelles : de la littérature qui modèle la pensée, de la presse qui recueille au jour le jour les actes de la vie sociale, de la conversation qui entretient le faisceau de la grande famille. Et tout cela change. N'en êtes-vous pas convaincus quand vous considérez nos causeries actuelles? Est-ce qu'elles ressemblent à ce qu'elles étaient il y a dix ans seulement? Est-ce qu'elles ne montrent pas le contraire de la niaiserie et du dévergondage d'idées qu'elles présentaient en ce temps-là? Est-ce que ce n'est pas remarquable partout et saisissant parmi les citoyens éclairés qui ont pu juger les grandes choses qui se sont passées dans notre pays? Qui donc maintenant rougirait de parler de vertu et de devoir devant ses compatriotes? (Applaudissements.)

La mode et la personnalité, Mesdames, sont les deux causes directes et permanentes qui produisent les changements de formes dans le mobilier. Il me reste à parler d'une troisième cause qui est ici beaucoup moins fixe : c'est l'industrie. Ses effets, quoique indirects, sont quelquefois formidables sur la tenue du mobilier.

Tout le monde sait l'énorme place que l'industrie s'est faite dans notre siècle. Guidée et entretenue par la science, qui l'exalte peut-être un peu trop quelquefois, elle a tout envahi au nom des bienfaits incontestables qu'elle nous a procurés. Elle entend alléger notre vie en nous fournissant à bon marché tout ce qui répond à nos besoins. Elle y parvient incontestablement, si nous limitons le sens du mot besoins aux nécessités de notre existence physique. Elle est impuissante à s'exercer efficacement au delà, c'est-à-dire dans le domaine des exigences du goût ou de l'intelligence pure. Ce n'est cependant pas ce que les apparences montrent à notre époque; car l'industrie s'est introduite partout et jusque dans le champ des arts. Cela s'est fait au nom de cette formule économique : « Accroître le nombre des consommateurs de toutes choses, en les leur fournissant à bas prix. » Mais elle n'a pu atteindre son but que par un procédé conforme à cette autre formule : « Réunir de grands capitaux et avoir de grandes administrations pour diminuer les frais généraux ; — produire des objets similaires pour réduire les pertes de main d'œuvre et les déchets. » Qu'est-il advenu ? En dehors de la grande et légitime tâche qui lui incombait du côté des travaux publics et des choses de consommation commune, l'industrie a fait pour tout venant des types de vêtements, des types de mobiliers, des types d'habitations.

Ces produits, infiniment moins coûteux que les objets faits exprès, ont d'abord créé les nouveaux consommateurs à petite bourse. Mais les anciens consommateurs, attirés par le bon marché, se sont joints aux premiers. On voit l'espèce d'influence que l'industrie a dû exercer sur la forme du mobilier. Elle est considérable, car la forme n'a plus été l'habile résultante d'un service personnel désiré et d'un goût établi ; elle a été le résultat fatal d'une fabrication simplifiée à la mesure d'un prix réduit. Le résultat est tout différent et nous voyons très bien ici les effets de l'industrie. On peut se demander, Messieurs, si le résultat obtenu est heureux. On ne doit pas hésiter à répondre affirmativement dans le sens de l'immense bienfait économique qui suit tout produit industriel. Qui pourrait songer à nier, que dis-je, qui n'admire pas les inappréciables ressources que fournissent à la foule les magasins de la *Belle Jardinière*, ou les ateliers de meuble à la mécanique ? Mais toute médaille a son revers. En détachant le consommateur de la production topique, on l'a déshabitué d'aimer l'œuvre originale; on l'a distrait de la composition artistique. Il l'a oubliée pour se complaire dans des séductions moins hautes. Les formes du meuble se sont amoindries, trivialisées. On s'en inquiéta peu. Tout le monde y passa. Tous, les uns et les autres, nous avons goûté cette petite satisfaction de dire à notre voisin en lui présentant cet objet : Combien cela coûte-t-il? — Cinq francs? — Vous n'y êtes pas : cela me coûte vingt-neuf sous. — Et quand même notre bourse ne nous y contraignait pas, nous courrions le bon marché, c'est-à-dire l'objet industriel. Si cela eût continué, nous étions perdus; l'art familier disparaissait. Heureusement, les hommes ne suppriment pas à toujours les exigences de leur goût parce qu'ils les oublient un instant dans les préoccupations exclusives de l'économie. Aujourd'hui, nous avons tous la satisfaction de trouver à bas prix mille objets industriels qui desservent le gros de nos besoins. Mais nous sentons bien que cela est fait pour nous servir, non pour nous contenter. Nous avons des restes de besoins inassouvis qui nous poussent à rêver un meuble fait pour nous, rien que pour nous. Nous retournons aux ateliers qui composent *précisément* chacun de leurs produits. Nous prévoyons le service, la mesure, la forme d'une table ou d'un lit, d'un siège ou d'une étagère; nous discutons les agencements qui s'approprient à notre manière de vivre. Et par là nous faisons deux choses très bonnes. Nous introduisons chez nous un compagnon qui exercera nos capacités artistiques et qui nous fera dire chaque fois que nous le regarderons : comme il est bien à moi! Et puis, nous donnons de la vie à la fabrication des meubles d'art; nous en fortifions les ressorts menacés par la concurrence industrielle.

Ne pensez-vous pas comme moi, Messieurs, que, dans ces conditions, l'avenir du mobilier se laisse deviner? A mesure que l'industrie, qui dispense si largement l'aisance dans les populations, accroîtra leurs loisirs, nous verrons le mobilier s'individualiser autour des familles et des personnes, et sa fabrication perdre de plus en plus son caractère industriel pour se faire artistique. Chacun de nos intérieurs devra gagner ainsi une part de cette originalité qui était autrefois l'apanage des habitations des grands seigneurs, et le monde des artistes s'accroîtra en nombre et en puissance, ce qui est indispensable à toute nation qui veut conserver un rôle actif dans la civilisation et maintenir sa portée intellectuelle. (Applaudissements.)

Mesdames et Messieurs, je m'aperçois que je parle devant vous depuis près d'une heure et demie. C'est trop longuement user de cette tribune et de votre bienveillance. Il faut me borner.

J'avais conçu cette conférence comme un retour et un examen réfléchi des observations que j'avais pu recueillir au milieu de nos belles galeries du mobilier. Peut-être quelques-unes des impressions qui se sont gravées en moi vous ont-elles atteints? Peut-être le mobilier vous apparaît-il, dans sa constitution si mêlée de nécessités, de raison, de fantaisie et d'art, comme l'un des témoins les plus véridiques de notre état social? Peut-être appréciez-vous l'innombrable suite des circonstances à travers lesquelles il évolue et l'indéfinissable série des conditions qui sont imposées à ses succès? Peut-être aimez-vous les beaux meubles? S'il en était ainsi, je me féliciterais déjà, ou d'être venu ici me placer dans le courant de vos idées et de vos goûts, ou d'avoir tourné ceux-ci vers les préoccupations qui m'ont gagné à la vue de nos différents centres de production. Mais, dans les quelques journées que j'ai consacrées à ces études locales, je me sentais envahi par deux pensées, dont l'une était tout à la France et que, malgré cela, je demande la permission de rapporter ici devant tous mes auditeurs, devant ces hôtes, que je ne consens pas à nommer des étrangers et auxquels nous pressons la main tous les jours comme si nous les aimions depuis longtemps. (Applaudissements.)

Quand je pensais à la France, et non sans émotion, après tant d'épreuves et de misères, je me sentais plein de contentement et d'espoir. Quelles disparates entre les conditions de ce temps-ci et celles qui existaient il y a dix ans! Au lieu d'une nation distraite par des intérêts factices et déshabituée des préoccupations publiques, on voit un peuple rentré dans la patrie par le deuil et le travail. Cela, Messieurs, est un fait historique, rien de plus; mais c'est beaucoup! En faisant de nous une démocratie, la civilisation a transformé la France en un grand atelier de libéralisme et de paix, où se produisent librement en toutes choses de petites aristocraties spéciales qui s'élèvent, s'usent et se renouvellent incessamment au bénéfice de toutes les activités sociales. C'est bien ce qu'on observe déjà au milieu de ce recueillement général, dont les traces se marquent chaque jour dans nos conversations, dans nos productions, dans la quantité formidable de travail qui a été faite en France depuis 1870. A ces indices, je crois reconnaître que tout ce qui tient aux arts, le mobilier et tant d'autres choses, va croître en valeur. L'aisance et les loisirs issus de l'industrie suscitent les appétences du goût; la production d'art s'étend; la consommation se généralise; la concurrence s'efforce. On s'engoue; on devient difficile, connaisseur, délicat. L'évolution ne s'arrête pas et les jouissances artistiques de toutes sortes s'élèvent et se répandent aisément dans la nation entière, au lieu de rester l'apanage exclusif de quelques élus. Cette facile diffusion s'accuse dans une note commune à toute la production.

Quand j'étendais ma vue hors de France, là où les conditions faites à la production artistique sont différentes, j'observais d'autres choses. En Angleterre, par exemple, où toute une classe garde le monopole des loisirs assurés et d'un goût exercé de longue date, la fabrication de choix est plus franche dans ses allures. Le meuble que j'ai décrit en est un exemple frappant. C'est une composition correcte; le service, l'œuvre matérielle, la forme se marient dans une scène plastique pleine d'unité, et l'objet garde une franche saveur d'originalité. Il n'y a vraiment rien en France qui puisse être comparé à cela!

Il faut, Mesdames et Messieurs, tirer de ces rapprochements une conclusion que vous dégagez vous-mêmes, j'en suis sûr. Ne vous semble-t-il pas que ces caractères distincts qui s'opposent les uns aux autres dans les produits des différentes nations nous engagent tous à des emprunts réciproques? Entendez bien, je vous en prie; je dis emprunts et non pas copies. L'Anglais, par exemple, compose en ce moment des meubles avec plus de justesse et d'ampleur que le Français. Le Français doit se surveiller sur ce point et assagir ses fantaisies. S'il y parvient, il aura fait une conquête. D'autres en feront chez lui, qui ne leur seront pas moins avantageuses. Voilà des victoires qui ne comportent ni le remords ni la haine; et chacun peut se les assurer. Où peut-on le mieux comprendre que dans nos belles Expositions universelles?

Je vous remercie, Mesdames et Messieurs, de m'avoir entouré de tant de bienveillance que je me suis cru autorisé à tourner la fin de mon sujet si spécial en apparence vers une idée de progrès et d'élévation pacifique. (Applaudissements prolongés.)

M. le Président. — *J'ai reçu du bureau l'agréable mission de transmettre ses remerciements à notre cher orateur : « Les soussignés, après avoir écouté avec une attention soutenue la conférence sur* le mobilier *que M. Émile Trélat vient de faire avec tant de talent et d'éloquence, le prient d'accepter leurs compliments et leurs bien sincères applaudissements. » (Suivent les signatures.)* (Applaudissements.)

La séance est levée à 3 h. 40 m.

TABLE

LIBER
AMICVS
HIC FILIVS.
QVILIBET
MA TISCO
Protat

EN VENTE A LA MÊME LIBRAIRIE :

LE MONITEUR DES ARCHITECTES

REVUE MENSUELLE

DE L'ART ARCHITECTURAL

ET DES TRAVAUX PUBLICS

Publiée avec le concours des principaux architectes français et étrangers.

12 ANNÉES EN VENTE AU PRIX DE 30 FR. CHACUNE.

Un an............... 30 fr.
Six mois............ 16 fr.

ÉCOLES & MAIRIES

RECUEIL

DES PRINCIPAUX TYPES DE

BATIMENTS SCOLAIRES

PAR

MM. LABROUSTE, CORDIER, DECONCHY, DURAND, AURENQUE, ETC.

89 planches gravées sur acier et texte.

PRIX : 60 FR.

Mâcon, imprimerie typographique et lithographique Protat frères.